소주 한잔에 인생을 담고

술꾼동파 지음

지 샘

이 책을

소주를 사랑하는 이 땅의 모든 술꾼들에게 바칩니다.

이 글을 읽는 독자들에게

이 책은 머리가 희끗희끗해지기 시작하는 중년들이 주로 회원인 people475.com 사이트에 올린 (술꾼)동파님의 글모음이다.

소주 한 잔에 약간은, 혹은 거나하게 취해 컴퓨터 앞에서 쓴 글들이다. 그래서 그의 글에는 언제나 정겨운 술냄새가 묻어 있고, 삶에 대한 애환이 어려 있으며, 때로는 포복절도할 웃음도 자아낸다.

하지만 그의 글은 스크롤 바를 움직이며 모니터를 통하여 읽을 때 제 맛을 느낄 수 있다. 모니터 속에서는, 웃음소리가 허공으로 퍼져나가며 우리의 가슴을 쓸어주기도 하며, 가슴 찡한 우리네 삶에 공감할 땐 어느새 눈가에 이슬도 맺힌다.

그러나……

살아 움직이는 듯하던 그의 글들이 종이에 인쇄된 순간, 그 생생함은 사라져 버린다. 사라져 버릴 그 느낌을 살리기 위하여 많은 시간을 보냈다. 아침의 느낌이 다르고, 석양 무렵의 감흥이 달랐다. 행간을 조정해 보고, 서체를 바꿔 보고… …, 이것도 해보고 저것도 해보고… 그런 노력에도 불구하고, 모니터 상에서의 느낌을 전달하기가 어려웠다.

그러다가 결국…

결국… 어느새 동파를 닮아간다.

"세상 모 있나, 책이 책일 뿐이니."

오로지 독자들이 마음의 눈으로 읽어 주길 바랄 뿐이다.

편집자

머리말… 혹은 프롤로그

책을 내자고 한 마농님의 말에 그러자고는 했지만… 과연 제가 쓴 글들이 책을 낼 수준이 되는지… 어쩌는지 잘 모르겠더이다. 초기화면의 배너도 들어올 때마다 쑥스럽고….

어쨌든, 지샘이라는 출판사의 사장이 책의 머릿글을 써 달라고 하더군요.

그냥 취해서 막 두드리는 것은 잘하는데… 어떤 목적에 맞는 글을 쓰려니 하… 이것 참… 어렵습니다.

어제 쓰려는데 손가락이 말을 안 들어서 오늘 추어탕에 두병 ㅡ_ㅡ;; 간단히^^ 해치우고 썼습니다. 이게 그 사람이 원하는 글이 맞는지… 안 맞는지… 솔직히 모르겠습니다.

나… 원래… 이런 것 딱 질색인데.ㅡ_ㅡ;;;;;;;;;

술꾼동파… 아이디가 특이한데 술꾼동파가 뭔 뜻인가?

옛날 PC통신 시절에 '소동파'라는 이름을 썼었다. 그러다가 나중에 변했다.

내가 원래 소주를 좋아하지 않나. 그래서 술꾼동파로 바꿨다. 소동파는 또 뭐냐고 묻지 마라. 뭐… 중국에 어떤 놈이 있었다고는 하더라.

소주 깨나 마시나?

적당히 먹는다.

얼버무리지 말고 정확하게 말하라.

음… 내 인생 솔직 빼면 시체다. 하루 한두병, 일년에 오백병. 한… 삼십년 마셨으니 만오천병은 마셨다. 보통 사람들은 자기가 이제까지 얼마의 양을 마셨는지 아는 사람 거의 없다. 하지만 나는 약간의 오차는 있겠지만 거의 정확히 안다.
만오천병 내외… 우핫핫!! 어떤가? 정확하지 않은가.

잘났다 -_-;;;; 그렇게 마셔댔으면 건강은 이상없는가?

우리동네에 내 주치의가 있다. 고등학교 동창인데 그 친구 하는 말이…
너는 술만 끊으면 완전 백점인데… 하면서 늘 걱정한다. 나도 그 친구를 위해서 술을 끊고 싶지만… 술 안먹고 대체 뭐하러 산단 말인가.

그렇게 술 마시면 부인이 싫어하지 않나?

정말 많이 마셔서 인사불성이 되면… 아 물론 그런 일은 일년에 열두번밖에 안 된다, 마누라 동녀가 무척이나 싫어한다. 하지만, 적당히 마시고 다니는 것은 별로 개의치 않는다. 이제는 포기했다고나 할까? 아니. 포기가 아니고… 이것 참… 이런 자리에서 말하기는 쪼…금 뭐하지만 가끔은 '의무음주방어전'을 하는데…

의무방어전은 알겠는데 의무음주방어전은 또 뭔가?

핫핫… 한달 내내 술 먹고 다니는데 나만 먹을 수 있나. 동녀도 술꾼 아내라고 술을 좋아한다. 그래서 한달에 두세번은 동녀와 함께 술을 마신다. 그래야 내 음주생활에 지장이 없다. 이건 술꾼만의 지혜랄까?

그런데 거기에도 부작용이 있다. 둘이서 세병 정도 먹고… '자… 이제 가자'라고 하면 동녀가 말한다. '여보. 한병 더 먹으면 안돼?' … 이럴 땐 정말이지 난처하다.

벌어 놓은 돈은 좀 있나?

아 씨팔. 없다. 그냥 작은 아파트에서 살고 있으면서 남대문에서 장사한다.

뭔 장사를 하나?

비디오카메라, 디지탈카메라 뭐 그런 것들 도매업을 하고 있다. 말이 도매업이지 그냥 구멍가게다. 요새 장사 참… 어렵다. 그냥 밥 먹고 살고 있다.

요새 밥 굶는 사람도 있나. 아… 넘어 가자. 소주가 그렇게 좋나?

세상에는 수만 가지 술이 있는데… 세상의 술은 거의 술 자체로 즐기면서 존재한다.

양주라든가… 맥주 혹은 막걸리 등등 거의 모든 술은 그냥 그대로 별 안주 없이 마셔도 무난하다. 또 혼자 조용히 먹어도 별로 흠이 될 게 없다. 하지만 소주는 … 아… 소주는…… 혼자 먹고 있으면 정말 처량해 보인다. 소주는 친구들과 먹어야 한다. 그리고 안주가 절대적으로 필요하다.

아는가. 이세상엔 오로지 두 가지 음식만이 존재한다.

안주가 되는 음식. 그리고 안주가 안되는 음식.

소주는 홀로 존재하지 못한다. 두 가지가 있어야 하는데 맛있는 안주와 마음편한 친구. 이 세 가지가 삼위일체가 되어야 비로소 소주는 완성되는 것이다.

삼위일체를 아무데나 써먹지 마라.

아무데나가 아니다. 소주와 맛있는 안주와 마음편한 친구— 이것은 정말이지 하늘이 내린 '삼위일체'다. 내 진실한 믿음을 우습게 평가하지 말라.

종교는 있나?

없다. 하지만 불교에는 많은 관심이 있다. 철학적으로 혹은 인생관쪽으로 혹은 학문적으로 많이 배우고 있다. 동녀가 관악산 연주암을 근 이십년을 다니고 있는데 산을 좋아하는 나도 연주암은

늘 가고 있다. 하지만 기복신앙이 아닌 마음을 비우는 그런 개념으로 다니고 있다. 부처님은 옛날에 술을 혹시 마시지 않았나… 그런 것도 관심을 갖고 있다. 아직까지는 문헌상 발견하지 못했다.

그런 쓸데없는 데 관심 갖지 말고… 취미는 뭔가?

취미? 음… 담배는 하루에 한갑에서 한갑반 정도 핀다. 거기에 맞춰 소주도 한병에서 두병 정도… 그리고 영화를 좋아하는데 옛날에는 봤지만 요새는 이상하게 잘 못 본다. 매주 일요일엔 관악산, 북한산, 청계산 혹은 그냥 집 뒤 대모산을 다닌다. 물론, 매일 저녁 소주 마시는 것도 빠뜨리지 않는다. 대단하지 않은가?

이런 얘기는 끝이 없을 것 같다. 화제를 바꿔서 …
혹 가까운 사람 중에 죽은 사람 있나?

뭐 술얘기 하다가 갑자기 죽는 얘기를 하나. 하기사… 삶과 죽음은 바로 옆에 존재하는 것 아닌가. 나는 내 차선으로 조용히 운전하고 있는데 난데없이 저쪽에서 중앙선 침범으로 즉사하는 사람, 등산갔다가 봉우리에서 벼락맞는 사람, 벌에 쐬여 죽는 사람, 떡 먹다가 목에 걸려 죽는 사람… 아 그만 얘기하자.
지구역사 상 수백억 혹은 수천억이 태어났다가 그 수천억이 다… 저마다의 사연으로 죽었다. 내 경우 내 친한 후배가 남이섬 야유회 갔다가… 물에 빠져 죽었다. 그리고 우리 누나가 40의 나이에 갑자기 백혈병에 걸려 딸 셋을 남겨 두고 죽었다. 그리고 같이 공부하던 동료가 갑자기 폐암으로 죽었다.

아… 갑자기 소주 먹고 싶다… 그만 하자.

미안하다. 좋아하는 계절이 있나.

가만… 이거 가만히 보니 30문 30답 뭐 이런 거 하는 건가.

아니다. 그냥 생각나는 대로 물어 보는 거다.

계절. 나는 계절보다 밤을 좋아한다. 봄밤. 중국의 어떤 놈이 '봄밤은 천금을 주고도 못 바꾼다'라고 글에 쓴 적이 있다. 그 아련한 봄밤에… 감미로운 바람을 맞으며 소주 한잔 할 때… 그 때는 정말 환상이다. 또, 서늘한 가을바람이 가슴을 뚫고 지나갈 때… 그 때… 두어병 마시면 정말 죽어도 여한이 없다. 쏟아지는 장대비의 여름밤 그 텐트 안은 무엇과도 바꿀 수 없는 꿈의 세상이요… 함박눈이 내려 집에 갈 차도 없이 그냥 하염없이 걷는 그 순백의 세상에서 취한 발걸음을 휘적휘적 걷는 그 무념무상이란… 아아… 계절이 아니라 밤! 그 밤이다.

혹… 인생에 좌우명이라든가 아니면 목표 같은 것이 있나?

좌우명… 없다. 아니… 좋아하는 말이 있다.

뭔가?

'인생 모 있냐'… 난 이 말이 참 좋다. 술자리에서 건배를 할 때 내가 '인생!!!' 하고 선창을 하면… 나머지 사람들이 '모 있냐!!!!' 라고 후렴을 넣는다.

난 그 말이 참 좋다. 좌우명이라든가 목표는 아니지만 추구하는 방향이다.

그 말은 마치 인생 별거 없으니 아무렇게나 망가지며 살다가 가자는 얘기 아닌가?

아니다. 절대 그런 뜻이 아니다. 너무 아등바등 피곤하게 살지 말자는 얘기다.
자신의 꿈이 뭔시… 삶이 뭔지도 모르고 그냥 돈의 노예가 되어 혹은 스스로 얽매어 놓은 관념에 사로잡혀 피곤하게 살지 말자는 얘기다.

남에게 폐를 끼치지 않으면서… 마음을 비우고… 소박하고 진실되게 그리고 정말 재미있게… 소주도 한잔씩 하면서… 너무 걱정하지 말고 살자는 얘기다.

그 뜻은 그럴싸하게 들리는데… 꿈보다 해몽이 더 좋은 것 아닌가?

꿈이든 해몽이든… 내 뜻은 그렇다는 얘기다. 이해하면 좋고 모르면 할 수 없고.

평범한 것도 같고… 조금 이상한 사람 같기도 하고… 대체 당신은 어떤 사람인가?

나도 나를 잘 모르겠다. 그냥 책을 한장 한장 넘기다 보면 어떤 놈인지 알게 되지 않을까 한다. 아~ 참! 이 책은 문학작품도 아니고 수필집도 아니고 딱히 어느 범주에 속할 수 없는 그냥 '취한 술꾼의 낙서' 라고 생각하면 딱 맞겠다.

괜히 아까운 종이값만 낭비하는 것 아닌지 솔직히 걱정된다. 이건 전적으로… 책 내자고 한 475 사장 이만동과 그 얘기 듣고 덥썩 발행한 지샘 사장 김종호의 책임이다.

인생 모 있냐. 그냥 소주나 한잔 하자.

술꾼
동파

소주 한잔에 인생을 담고

2 | 술로 전하는 마음

3 | 술꾼의 페이소스

4 | ^^?!

5 | 소주 먹기 좋은 집

1 | 어우러지기

: 남대문시장 사람들

야유회

문뜩 잠을 깼다.

베란다에 서서 문을 여니 차가운 새벽 공기가 가슴 깊이 밀려온다.
진탕 마신 소주 때문에 골이 조금 아프지만 기분은 상쾌하다.

며칠 전*__

동파 : 여보, 이번 주 일욜은 시장 야유회야.
동녀 : 안 가! 내가 또 그 꼴 보려고 가?? 안. 가.

(註: 지난 몇번의 야유회에서 동파는… 안 그럴려고 무진 애를 썼지만 과도한 음주로 인한 '술 먹은 개-_-'가 되어

1. 시키지도 않는데 뛰쳐나가서 노래부르기
2. 노래 부르며 되도 않는 '막춤 추기'
3. 막춤 추다… 엎어지고 자빠지기 -_-;
4. 막판에 인사불성 되어 업혀오기

등등의 전과가 조금… 아주 쬐금 있음 ^^;)

동파 : 음… 이번엔 상품이 아주 빵빵하대.

동녀 : …… 뭔데?

동파 : 동남아 여행권, 오십만원짜리 상품권, 식기세트 등등…

동녀 : 피이~ 거짓말 하지 마.

동파 : 정말이야.

동녀 : (솔깃!…) 정말?

동파 : 아니. 거짓말이야. 요새 같은 불경기에 무슨 …
당신은 너무 단순해서 탈이라니까.
그래도 전화기, 구두티켓, 식기세트, 등등 별거 다 있어.

동녀 : 그럼 약속해. 술… 많이 안먹는다고.

동파 : 알았어. 약속!!
(과연… 흐흐…)

가는 길*

남한산성을 가로질러 달리는 길은 환상이었다.

좌우로 울긋불긋 단풍이 시작되려는 고요하고 상큼한 그 길은 지나가는 차 한대 없어…

대체 여기가 경기도인지 설악인지 저 멀리 제주도인지 구분이 안 된다.

팔당 방향으로 십여분 달리니 '구림농원'이라고 불리우는 무지 커다란 어떤 곳에 도착했다.

낙엽이 우수수 떨어져 수북이 쌓인…
그러나 이곳도 관리가 좀 소홀한지 왠지 을씨년스런 분위기.
하지만, 가을소풍을 오기엔 너무도 자연스럽고 편안할 것 같다.
여기저기 숲 사이로 넓다란 운동장이 여러개 있다.
마음껏 떠들고 놀아도 좋을,
그런 곳이다.

족구*__

모두들 어린 아이들처럼 소리지르며 뛰어 논다.
단, 다른 것은 한판당 '십만원빵'이다.
눈에 불을 켜고 … 서로를 잡아먹을 듯… 족구를 한다.

동파 .
비호같이 날쌔게… 헛발질을 한다. 같은 편이 째려본다.
네트 앞에 떨어지는 공을 호쾌하게 헤딩한다.
그러다가 네트를 넘어 앞으로 고꾸라진다. ―_―
마이볼! 마이볼!! 하다가 라인 밖으로 걷어찬다.

긴급 선수교체.

결국… 심판본다. ―_―;

보물찾기*__

'시작'이라는 소리에 맞춰 '재물'에 눈이 먼 인간 군상들이 미친듯

이 달려간다. －_－

맨 앞에

적장을 베려 적토마를 타고 달려 나가는 항우와 같은 인물이 있었으니…

떡 벌어진 배－_－, 잘록한 어깨… 무…물론 동파다.

나뭇가지 사이, 돌틈, 쓰레기통, 이미 썩어버린 운동화 속까지 －_－;

다 찾아 보았으나 ……

“보물은 없다”

여기 저기서 함성이 들린다.

내가 이리도 박복한가?

오늘 아침.

바쁜 와중에 접속을 하여 ‘오늘의 운세’를 보았다.

닭 띠

오늘 : 멀리서부터 재물이 들어오거나 또는 과거에 밀렸든 재물이 들어오거나 또는 예상치 않았든 재물이 들어오는 시기입니다.

하지만,

‘오늘의 운세’ 까지도 나를 배반했다.

나는… “운명을 믿지 않는다” －_－;;

동녀는 어디서 한 장 찾았다. 7번.

아마 전생에 나보다는 좋은 일을 많이 한 것 같다.

시상식*

(보물 전달자…. 동파.)

"1번" 전화기. "우와~!" 박수.
"2번" 믹서기. 위와 동일.
"3번" 식기세트. 동일.
"4번" 뭐더라?? 동일.
"5번" 동일-_-
"6번" -_-
"7번" 이건 안다. ^^ 알미늄 호일-_- 딸랑 한개.
(동녀, 실망하며… 모두를 원망한다.)
"8번" "8번"

명환이가 환한 웃음을 가득 담고 거만하게 걸어 나온다.

동파. 선물을 찾는 척 하다가 홱~ 돌아 서며
명환의 따귀를 한대 갈긴다.

명환 : 헉~! 형. 왜그래??
동파 : 수고했어.
명환 : -_-?? … 선물 안줘?

동파 : 줬잖아. 따귀 한대.

명환 : 형. 이래도 되는 거야?? -_-+++++++

동파 : 그게… 다… '팔자' 란다. 이 넘아.

'9번' '9번'…….

일행들… 모두 뒤집어진다.

점심*

뷔페를 먹었으나 뷔페는 정말 싫어.

나는 그냥… 동태찌개, 내장탕, 알탕… 감자탕.

하여간에 버얼겋고 부글부글 끓는 게 좋아.

뷔페는 싫어.

정말 싫어.

나는 술을 먹는다.

뷔페가 싫어… 술을 먹는다.

동녀가 조금만 먹으라며 눈을 부라린다.

나는 그 눈길이 싫어… 술을 먹는다.

창권이가 와서 술을 따른다.

나는 이 넘이 너무 좋아… 술을 마신다.

바람이 분다.

나는 조만간 떠나갈 가을이 아쉬워… 술을 마신다.

낙엽이 진다.
'오동잎 한잎 떨어지매… 천하에 가을이 왔음을 알고…' ^^;
내 스스로가 대견해서…나는 술을 마신다.

슬슬… 맛이 가며…눈동자가 풀어진다. 다리가 풀린다.
이런 추한 꼴이 싫어… 나는 또…술을 마신다. ^^

노래자랑* __

사회자 : 지금부터… 마음껏 춤추고 노래부르세요.

동파 : 달려 나간다.

♬ 버들잎 쭉쭉 늘어진~ 아싸!! 우물가에서… 빨래하는 아가씨야. 내 말좀 들어라… 아우! 죽여!! 열여덟이냐 열아홉이냐…너만할 때 참 좋을 때다~이하 생략.

시장사람들 : (지겹다. 대체 저 노래는 몇십번을 들어야 하나!! 후~)

'오동잎'이 나오고 '아파트'가 나오니 모두들 흥겹게 춤을 춘다.

그러다가,
어떤 넘. 다음 주자로 나오더니…
'비목'을 부른다.
어딜 가도… 저런 넘… 꼭 있다. －_－
너, 담부터 오지 마.

'이별의 부산정거장'이 나온다.

동파 : 또 달려 나가 춤춘다. 막춤－_－

에필로그*__

노래를 부른 것도 같고…

'76년 도봉산춤'을 춘 것도 같고…

동녀가 '내가 못살아 으이그 이 화상…' 어쩌구 …한 것도 같고…

넘어진 것 같기도 하고…

농구공을 들고 어디론가 갔던 것 같기도 하고…

땅에 떨어진 무언가?를 집어 먹은 것도 같고…

이 모든 일들은 '미확인첩보' 이며…

추후 사실이 확인되는 대로 '속보'에 올릴 예정이다.

가을날의 하루는 또 그렇게 지나갔다.

마음껏 웃고, 놀고, 마셨다.

행복한 하루였다.

그리고, 한가지!!!

베란다에 진로 20병들이 한 상자가 고스넉이… 누워 있다.

만취 중에도 그거 하나는 챙겼나 보다.

이런 내가… 스스로 대견하여 미소 짓는다. ^^;

술꾼 동파

♬ 사랑하는 필순씨~ 생일 축하합니다~

비가 구질구질 내린다.

이 비 그치면 날이 점점 추워지겠지.

하루 일이 끝나고 상가 좁은 골목길은 쓰레기만 나뒹군다.

"형님. 어디로 갈까요?"

"야. 오늘은 '삼다도'나 가자."

삼다도.

이름은 그럴싸한 일식집같지만…

거의 쫍아터진 가게방 수준이다.

남대문에서 큰길 건너 서울역쪽 뒷골목으로 내려가면 길이 벌써 우중충하다. 그 어두운 골목 이쪽저쪽에는….

늙은 창녀들이 허수아비처럼 창백하게 서 있다.

이제는 더이상 떠날 곳도… 밀려날 곳도 없는 인생 막장에서

박제가 되어 가는 슬픈 여인들….

그 한켠에 삼다도는 자리한다.

아무나 같이 앉는 구질구질한 길다란 탁자가 두 개. 서너 명 앉을 수 있는 작은 탁자가 두 개.

기름때가 꼬질꼬질한 정겨운 탁자….

큼직한 뚝배기에 오밀조밀 많이도 들어 있는 오뎅이 5천원, 안주용 김치찌개 5천원, 오징어튀김 3천원, 모래무지튀김 3천원.

희안하게… 냉동참치 제법 먹을 만치 썰어 놓고 5천원을 받는다.

계란말이 푸짐하게 역시 5천원.

돈 없는 새파란 젊은 아이들, 후줄근… 6~70대 노인네들….

왠지 초라해 보이는 중년들이 주된 손님이다.

수더분 펑퍼짐한 주인아줌마…

초라한 군상들의 대모… 필순씨!!

"아이고~ 사장님 왜 이렇게 오랜만이셔~"

"요새 홍어에 미쳐서… 삼합 먹으러 다니다 보니 그렇게 됐네~"

구수한 오뎅국물과 차가운 참치를 꼭꼭 씹는다.

고혈압에 당뇨… 반신불수 어머니 담낭인지 췌장인지 염증이 심해서 수술을 할 수도 안 할 수도 없어서 고민인 대팔이….

마누라가 유방암 3기라 수술 후 네번째 항암치료 중인 정사장….

은행빚에 카드빚 사채까지 몰아다 쓰고 나자빠진 마누라 땜에

해골 뽀개지는 오토바이 김씨….

"형! 사는 게 왜 이래?"

"이 놈아. 사는 게 왜 이런 게 아니라… 원래 그런 게 사는 거야."

소주병은 늘어만 간다.

그 때,

행색 초라한 50대 남자 둘이 들어선다.

웬일인지… 필순씨가 난처한 표정을 지으며 자리가 없다 한다.

그러지 말고 조금만 먹고 간다고 하는데도 자리가 없어요…

없어요… 하면서 손님을 안 받으려 한다.

쥔아줌마 필순씨는 그런 사람이 아닌데…

인심좋은 넉넉한 사람인데….

그 50대 사내들의 안타깝고 아쉬운 표정을 보며… 한마디 했다.

"아줌마!!! 왜 그래!! 오늘따라… 아저씨들 이리 앉으세요."

"자~자~ 옆으로 조금씩 갑시다. 한잔 하려다 못 먹으면 그거 얼마나 성질나는 줄 알아??!!!!!!!!"

떫떠름한 필순씨…

연신 인사를 꾸벅하며 옆자리에 앉는 사람들….

소주가 오늘따라 씁쓸하다.

조금 있으니 필순씨 비슷한 펑퍼짐한 아줌마가 케익을 들고 들어선다.

뭔가 짚이는 게 있어… 오늘 누구 생일이요? 물었더니

여동생이 언니 생일 케익을 사 왔단다.

아하!! 오늘이 필순씨 생일이구나…

그래서 조금 일찍 끝내려고 손님을 안 받았구나….

허~~ 이렇게 미안할데가….

"필순씨~~"

모두들 아줌마, 아줌마하는데… 언젠가 꼬질고질한 벽에 걸린 사업자등록증에 적힌 이름을 보고 그 이후부터는 꼭 이름을 불러 주는데… 그 아줌마… 얼굴이 발그레해지며 그렇게 좋아할 수가 없다.

"오늘 필순씨 생일이라며? 우와 축하해요. 내잔 한잔 받아."
"서… 술 못해요."

일찍 끝내려는 속도 모르고 또 손님을 불러 앉혔으니 참 난처하다.

음….

벌떡 일어났다. 취중이라 그러지 않아도 목청 큰 놈이 큰 소리로….

"여러분~~~~~ 오늘이 쥔아줌마 장필순씨의 생일이랍니다. 오늘 가족끼리 모임이 있으시다니 아쉬우시겠지만 우리가 일찍 끝내서 우리 필순씨의 생일을 조금이나마 축하해 줍시다!~~~~~~"

어리둥절하던 20여명의 손님들이… 여기 저기서 예~… 한다.

"여러분~ 그러지 말고 우리 필순씨 생일축하 노래나 부릅시다~"

♬ 생일축하합니다. 생일축하합니다. 사랑하는 아줌마~ 생일축하합니다 ♬

좁아 터진 삼다도는 취한 술꾼들이 부르는 생일축하 노래로 와글와글….

필순씨는 눈물이 글썽글썽….
삼다도를 나왔다.
창백한 박제들은 아까 그대로 서 있고….
빗방울 섞인 바람이 분다.

이 놈아. 사는 게 왜 이러냐고?
인생이 다… 이러고 사는 거지 별거 있냐… 니기미.

뒹구는 낙엽 위로 가을비 추적추적 내리매….
천하에 겨울이 다가옴을 알도다.

술꾼 동파

작은 감동… 큰 깨달음

아침저녁으로 서늘해지는 게 점점 가을이 깊어지나 보다.

직상을 다니며 월급을 타는 사람들이나 혹은 적당히 넉넉한 사람들은 요새 어렵다는 것을 남들을 통해 이차적으로 느끼고 있겠지만….(물론 그분들도 미래에 대한 불안은 마찬가지다)

장사 혹은 작은 사업이라고 하는 사람들은 점점 조여 오는 알 수 없는 불안, 미래에 대한 공포같은 것들을 느끼게 된다.

그것으로 그만이면 좋겠지만….

그러다 보면 점점 자신만의 생존을 생각하게 되면서 남을 배려하는 마음을 조금씩 잃어버리게 된다.

전에도 그랬지만 점점 이기적인 세상이 되어 간다.

후~~

불경기 불경기 하면서도 디지탈카메라는 꾸준히 팔렸다.

캠코더 역시 전보다는 많이 줄었지만 그런 대로 팔렸다.

그러다가,

추석이 지나면서…

유가가 급등하면서…

관습헌법인지 뭔지 하면서…

성매매특별법인지 뭔지 하면서….

남대문 나온 지 15년 만에 이렇게 매출이 끊기기는 정말 처음이다. 전자랜드, 테크노마트, 세운상가, 새로 연 스페이스나인 등등의 거래처들이 주문은 물론 거의 없고… 기존 미수금까지 거의 입금이 되지 않는다.

오늘 낮.

어떤 50대 쯤으로 보이는 손님 두 분이 오셨다.

캠코더를 이것저것 물어 보더니 결국 120만원짜리 모델로 결정을 하고는 돈을 찾으러 간다고 갔다. 한 시간이 지나도 오지 않더니 한참 후에 왔다.

반가운 마음에 이것저것 추가 악세사리들을 챙겨 132만원을 받고…

고맙습니다.

진심에서 우러나오는 인사를 했다.

그리고는 다시 메모를 보며 마진이 얼마나 되나 계산기를 두드리는데….

이런 씨팔!!

십만원짜리 추가 밧데리를 계산에서 빠뜨렸다.
요즘 인터넷에 최저가 어쩌구 저쩌구하며 마진이 너무나 형편없다.
디카 팔아 봐야 일이만원, 캠코더 팔아 봐야 사오만원 남는데….

우~~~~ 장사가 안 되다 보니… 하도 멍청하게 졸다 보니
이런 개 뭣같은 실수도 다 저지르네….
백삼십만원 팔아서 오만원 손해!!

이전에도 가끔은 이같은 실수를 했었나.
그 때는 장사도 잘 되니 그냥 허허… 아이 씨팔… 뭐 어쩌구 이래가며 웃고 지나갔지만….
요새같이 힘들 때 그런 일이 일어나니 정말 누구를 원망할 수도 없이 속에서 부글부글 끓는다.

지나가던 정사장이

'형! 낮술 했어? 오우~ 색깔 좋은데?'
'그냥… 조용히 지나가라!'

전같으면그냥대수롭지않은일이고그까짓십만원또벌면되고
쏘주한잔안먹으면그만이고
그렇지만요새같은불경기에십만원이면그게얼마냐
아나는미친놈이야아환장하겠다
이따위로하니장사가안되지아씨팔정말미치겠다나같은놈은죽어야해
으이그니기미씨팔나가서쏘주나한병깔까
아니야그래도정말인생좆같애

그 때,
그 두 분이 웃으며 걸어 왔다.

'사장님. 아무래도 밧데리 십만원을 계산 안 하신 것 같은데요?'

고맙습니다고맙습니다고맙습니다고맙습니다고맙습니다고맙습니다.

십만원짜리 수표를 낸다.
너무나 고마와서 오만원을 거슬러드렸다.
그러면서…
눈물이 핑~ 돌았다.
아니… 뭔지 모를 눈물이 한방울 주르륵~ 떨어진다.

십만원이 문제가 아니라… 오만원이 문제가 아니라
사람의 따스함….
어쩌면 당연해야 할 인간의 도리가 이토록 가슴깊이 느껴지기는…….

한달인가 두달 전쯤.

술친구 대팔이는 우면동 우면터널 지나 아늑한 산동네에 산다.
늘… 한잔하고 택시를 타면 대팔이를 내려주고 집으로 간다.
우면터널은 민간터널이라 통행료가 2천원.
택시비가 만원이 나오면 터널비 합해서 만이천원을 낸다.

늘상 택시운전사가 알아서 받지만 어쩌다가는 그 운전사도 착각을 하는 때도 있나 보다.

그 어느날.
대팔이를 내려주고 우리집에 내렸다.
무심코 만원을 내니…
그 운전사도 그냥 받는다.

그 때, 나는 분명히 터널비를 추가해야 한다고 생각했지만 운전사가 모르고 있으니… 조금 찝찝했지만… 그냥 내렸다.

나는 이천원을 벌었다.
나는 이천원을 벌었다.
나는 이천원을 벌었다.

인간쓰레기 동파는 그 날 이천원을 벌었다.
그리고
오늘 이 글을 쓰면서
눈물이…
뭔지 모를 눈물이 사꾸 흐른다.

술꾼 동파

YES 머니 ㅡ_ㅡ;

며칠 전에 출근을 하려는데 핸폰이 울렸습니다.

♬ 짜라라~~~~ 짜라라라라라라라~~~~ 짠~~~~~~~~~~~~~

(음악적 재능이 있으신 분은 이미… 저 글 보고 아셨을 줄 압니다.
바하의 '토카타 & 후가' 입니다.)

동파 : (중후한 저음^^) 여보세요~

묘령의 여인: (낭랑한 그리고 경쾌한) 술꾼동파님이신가요?

동파 : 예.

여인 : 동파님이 예스24 블로그축제에서 대상을 타셨어요~! 많은 분들이 축하하셨는데… 인사말씀 그리고 댓글도 달아 주세요.

동파 : 예??? 헉~!!!!!

(여기서 난데없이 '동녀'가 끼어 든다. -_-;;;;;;)

동녀 : 왜? 뭐래????

(註: 아시는 분은 아시겠지만 동파는 원래 성격이 과묵하답니다. 알아도 모르는 척… 몰라도 아는 척… 무서워도 안 무서운 척 슬퍼도 안 슬픈 척. 아시죠? 그런 … 쓸데없는 이상한 성격 -_-)

동파 : 으응… 뭐 저번에 글 쓴 게… 상 탔대나 봐…

동녀 : 우와~ 상금은 얼마래?
(-_-;;;;;;; 동녀는 과정은 필요가 없습니다.

얼마… 그 '얼마'가 중요하고도 모든 것이랍니다.-_-)

동파 : 상금? 그런 거 없는 것 같던데…
동녀 : 피이~ 그게 뭐야. 당신 쓸데없는 짓 좀 그만해!!

출근. 지하철.

어젯밤의 과음으로 머리는 뒷 유리창에 대고… 다리는 쩌어~억 벌리고 잠을 잤는지… 인생에 대해서 깊이 생각을 했는지-_-는 모르겠지만 비몽사몽에…

'토카타& 후가',,,,,,,,,

동파 : (중후한 초저음) 여…보…세…요…
동녀 : 여보여보여보…1등이 무슨 책인가…하고 … 50만원이래!!!!
그거 50만원. 나조나조나조!! 아라찌? 아라찌??????

출근을 하고 예스24에 접속을 했습니다.

[발표] 제1회 YES24 블로그 축제 수상 결과 2007-07-09 18:13

2007년 4월 30일부터 2007년 6월 4일까지 5주 동안 진행되었던 제 1회 YES24 블로그 축제의 최종 심사 결과가 발표되었습니다. 응모작 7,100 여편이라는 응모편수로 확인할 수 있었던 블로그 축제에 대한 회원님들의 관심에 깊이 감사드립니다.

심사위원 부문 대상 : 술꾼동파님
네티즌 부문 대상 : withmepark님

그 밖의 자세한 결과는 행사 공식 블로그에서 확인하실 수 있습니다. 수상하신 분들, 진심으로 축하드립니다!

▣ 심사방법

1차 심사 -> 2차 심사위원 우수상 심사 -> 3차 심사위원 투표에 의한 대상 심사

1) 대상(상금 50만원과 민음사 세계문학전집 1질 증정)

닉 네 임 : 술꾼동파
응모부문 : 일상이야기
제 목 : 덕수 이야기

································ 다 좋았는데

····················쭉···· 아래로 내려가다 보니

························

※ 상금은 YES머니로 지급됩니다.

음…

줄려면 현찰로 주지… 예스머니는 또 뭐란 말인가. －_－

전화를 했다.

동파 : 여보. 그게 현금이 아니라 예스머니래.

동녀 : 예스머니? 그게 뭐야? 그럼 꽝이야?….

피이~ 끊어!! 나 '하나로' 갔다가 병원 가야 해.

그 책은(민음사 세계문학전집)… 아무나 줘.

집에 놓을 데 없어!!

그렇게 '예스24' 해프닝은 끝이 났습니다.
세계문학전집 백몇십권은 후배 '대팔이'네 집으로 보내졌고…
예스머니는 책을 사든가 영화를 봐야겠습니다.
아참!
그래도 '대상'인데 아래… 심사평과 원본을 옮겨 봅니다.

▣ 정이현(소설가)

〈덕수 이야기〉 – 일반적인 포스트들은 어떤 텍스트에 대한 2차적 담론이기 쉽다. 그에 비해 이 글은 한 편의 콩트나 단편소설로도 읽을 수 있는 서사 구조가 특이하다. 그러나 '인간' 또한 하나의 텍스트가 아니겠는가. 그렇게 보면 이 작품을, '덕수라는 이름을 가진 사내'라는 한 흥미로운 텍스트에 대한 독해로 읽을 수도 있을 것 같다.

대상과의 적절한 거리를 통해 대상의 인간적 면모를 풍부히 드러내는 솜씨가 예사롭지 않다. 무엇보다 일상의 풍경을 투박한 듯 능숙한 화법으로 이야기하는데 그 '말맛의 힘'이 읽는 재미를 선사한다.

▣ 김태훈(팝 칼럼니스트)

다른 부문의 심사위원들도 마찬가지였겠지만, 대상으로 선정된 이성부의 〈덕수 이야기〉는 마치 현진건의 「운수좋은 날」의 현대적인 해석 같은 기분이 들 정도로 훌륭한 작품(!)이라고 단언한다. 감정을 집어넣지 않은 건조한 문체를 통해 오히려 '덕수'에 대한 선입견 없는 접근을 제공하고, 묘사를 최소화한 단출한 문장으로 글을 읽는 사람이 더욱 풍부한 상상과 감정이입을 할 수 있도록 공간을 비워놓는 솜씨가 예사롭지 않았다. 〈덕수 이야기〉의 느낌이 얼마나 강렬했는지, 글을 읽고 인터넷을 통해 혹시 작가가 프로 문인이 아닐까 검색까지 했다면 그 느낌이 충분히 전달될 것이다.

▣ 선현경(작가)

YES24 블로그 축제 심사를 맡고 저는 '에드가 A. 포'처럼 쓰여진 글을 선정하기로 마음먹었습니다. 먼저 그가 말했던 그만의 예술관에 대해 간단히 적겠습니다.

"인간의 상상은 한 두 시간 이상 계속됨이 없으니 모든 작품은 한두 시간 내에 집필되어야 하고 한두 시간 내에 읽혀질 수 있는 작품이라야 한다."

그럼 최종적으로 제가 선정한 대상 중 〈덕수 이야기〉에 대해 이야기를 하겠습니다. 〈덕수 이야기〉는 읽고 있는 동안, 심사를 하는지조차 잊을 정도로 빠져서 읽었습니다. 짧고 간단하게 쓰여진 글이 참 매력적이었습니다. 그리고 읽는 내내 그저 덕수가 어떻게 될지가

궁금했습니다. 제가 심사 기준으로 마음먹은 '포의 예술관'에 딱 맞는 작품이 〈덕수 이야기〉였습니다.

덕분에 재미있는 글을 읽었습니다

▣ 황경신(PAPER 편집장)

이성부 님의 〈덕수 이야기〉는 우리에게 이야기의 힘을 가감 없이 보여주는 글이다. 특별한 장식도 군더더기도 없는 그의 글이 우리의 마음을 강렬하게 끌어당기는 이유는 무엇일까.

'젓가락으로 김치찌개의 돼지고기만 따박따박 골라먹는', 그래서 '밥 먹다 말고 때려죽이고 싶은' 덕수가 자꾸만 마음에 되새겨지는 이유는 무엇일까. 그의 글을 읽으면서, 나는 '우리가 진실로 찾고자 하는 것은 살아 있음에 대한 경험'이라는 조셉 캠벨의 이야기를 이해할 수 있을 것 같았다. 〈덕수 이야기〉는 글이라는 틀 속에 갇혀 있지 않고, 그 안에서 튀어나와 세상을 향해 말을 걸고, 사람과 소통하고, 또 하나의 삶과 공명하게 한다. 그의 이야기는 끝났지만, 우리는 그 이야기를 받아 또 다른 이야기를 만들어내게 된다. 인간, 즉 단 하나의 인생만을 살 수 있는 유한한 존재가 끝없이 이야기를 탐닉하고 창조하는 이유, 이 세계에 이야기가 존재하는 이유는 바로 그런 것이 아닐까, 하고 나는 생각한다.

덕수 이야기(1)

얼마 전부터 웬만한 곳은 모두 금연빌딩으로 지정되어 담배 한대 피우려면 건물 앞에 나가 담배를 피운다.

쌀쌀한 바람을 맞으며 담배에 불을 붙인다.

몇몇이 모여 장사가 안 된다는 둥… 몇년 거래하던 거래처가 갑자기 연락이 안 된다는 둥 답답한 얘기들을 하고 있었다.

그러면서 누가 얘기한다.

'세상… 참 믿을 놈 없어'

그 때 갑자기 덕수가 나타났다.

그리곤 뜬금없이

'그럼 넌 니 엄마○○도 못 믿냐' 이러고는 히죽거리며 지나간다.

덕수.

40 추정. 부천 어느쪽인가 고아원 출신.

2~3년 전부터 소리없이 나타나 남대문 오토바이 용달.

낙원동 부근 월 16만원짜 리 고시원생활.

즐거운 점심시간이 되면 된장찌개, 자반구이 동태찌개 혹은 부대찌개 등등을 시키며 밥을 항상 두 공기 더 시킨다.

손님도 먹고 주위 사람 아무나 함께 먹는다.

덕수도 일을 나가지 않을 때는 같이 먹는다.

그 놈은 항상 숟가락을 쓰지 않고 젓가락만으로 밥을 먹는데…

밥먹다 말고 그 새끼 때려죽이고 싶을 때가 한두번이 아니다.

부대찌개가 있으면 젓가락으로 소시지만 따박따박 골라먹는다.

굴김치가 나오면 김치는 손도 안 대고 김치를 뒤적이며 굴만 골라먹는다.

된장찌개, 몇 개 없는 두부만 젓가락으로 살살 골라먹는다.

이쯤되면 비록 밥을 먹여주지만 도저히 참을 수가 없다.

'야! 이 새꺄. 숟가락으로 국물도 좀 처먹으면서 먹어라. 으이그~ 개 새끼'

같이 먹는 사람들이 덕수 없을 때 한마디씩 한다.

"덕수 그 놈 뭐하러 밥은 멕여요. 지가 알아서 어디가서 처먹겠지."

"하지만, 그놈 여기 아니면 어디서 먹겠냐. 놔둬라."

언젠가 상가집에서 만취가 된 덕수는 한쪽 구석에서 자다 말고 옷을 벗고 있었다.

런닝을 벗고
바지를 벗고…
결국은 팬티까지 벗으려고 지랄을 한다.
따귀를 몇대 때리며 정신차리라고 했지만… 소용이 없었다.
할 수 없이 깔판으로 둘둘 말아 구석에 처박아 두었다.

하루 오토바이 용달일을 하면 4~5만원 벌어서
매일 술 처먹고 한푼도 모으지 못한 놈.
겨울 빼고 봄여름가을 내내 온 몸에서 퀴퀴한 냄새가 가시지 않는 놈.

그 놈이 지난 추석연휴가 지나고는 출근을 하지 않았다.
처음 며칠 간은…
이 새끼 어디가서 술 처먹고 자빠져 있던가…
아니면 누굴 때려서 유치장에 있는 줄 알았다.

웬만한 사람에겐 모두 반말이고…
심지어는 구멍가게 담배 사러 갔다가 그 노인네하고도 이 새끼 저 새끼 하며 싸운다.

대체…
담배 사다가 그 노인과 싸울 일이 뭐란 말인가.

어쨌든,
사흘, 나흘… 일주일, 이주일…
이렇게 지나다 보니 미운놈이지만 궁금해서 견딜 수가 없었다.

실종센타에 알아 봐도 이름 뿐이지… 주민번호를 알 수가 없었고 따라서 경찰서 이곳저곳에 문의를 해 봐도 근거가 없으니 도저히 찾을 수가 없었다. 숙소도 낙원동 어디 고시원이라는 것 뿐이지 아무도 아는 사람이 없다.

다른 용달 몇몇을 시켜 낙원동 일대를 뒤져보라 했지만… 찾을 수가 없었다.

사람들이 말한다.

"그 새끼 뒈진거 아녜요?"

"글쎄…지 명이 다했으면 죽었을테고…아니면 언젠간 나타나겠지…"

그리고는 얼마가 지났을까…

"형님. 덕수 봤어요?"

"아니. 그 새끼 왔어?"

"저 밖에서 담배피고 있던데!!"

부리나케 뛰어 나갔다.

덕수는 머리에 붕대를 감고 모자를 쓰고 있었다.

"야! 이새꺄. 어떻게 된거야."

덕수는 멀뚱멀뚱 나를 보는지… 먼 산을 보는지… 멍청하게 서 있었다.

"어딜 다친거냐!! 모자 벗어봐."

차마 볼 수가 없었다.

붕대는 감았지만… 오른쪽 머리 1/4 이 없어진 상태로 푹 꺼져있었다. 저러고도 살아 있는 게 다행이었다.

나중에 안 일이지만 추석 전날 술을 진탕 퍼먹고 사고를 당했다 한다.

교통사고를 당했는지… 싸움을 하다가 야구방망이 같은 걸로 맞았는지…

본인은 전혀 기억을 못한단다. 단지 병원에서 며칠 만에 깨어났다는 것 뿐.

그런데 희안한 것은 몸을 움직이거나 말하는 것 – 일상생활에 아무런 지장이 없다는 것이다. 우~ 그놈 명은 길겠네.

"너 어째 이렇게 하고 나왔냐?"

"병원에서 나가라고 해서 나왔어요."

"어디야. 병원이?"

"백병원이요."

원무과에 전화를 했다.

"이만저만한 환자인데… 환자를 이렇게 내보내도 되는거요?"

"우리로서는 할 만큼 다 했습니다. 앞으로 해야 할 치료도 다 설명했구요!!"

그 원무과 직원은 몹시 흥분을 하며 열변을 토했다.

자기는 그 환자와는 다시는 상종하고 싶지 않으니까 앞으로는 다른 직원을 찾아 해결하라고.

안 봐도 뻔했다.

덕수 그 놈은 병원에서도 별 개망나니 짓을 다한 게 훤히 보인다.

"덕수야 이 놈아. 그래… 앞으로의 치료는 어떻게 하라고 하디?"

"몰라요. 그냥 나가라던데요."

다시 원무과에 전화했다.

그동안의 수술비 칠백이십만원은 자기네가 자체 해결할테니… 의료보험을 가지고 오면 삼백만원 정도로 수술을 끝낼 수 있다고.

문제는 덕수.

주민등록 말소, 의료보험 없음.

이번에는 낙원동 동회.

이만저만한 놈이니… 주민등록 좀 만들고 또…의료보험도 만들고… 어쩌구저쩌구….

잘 좀 부탁드립니다.

이삼일 뒤 토요일.

"덕수야. 동회에 좀 가 봐라."

"오늘 갔다왔는데… 토요일이라 안 해요."

동회에 전화했다. 마침 담당자가 받고는 주민등록 말소 과태료 오만 얼만가? 가지고 오란다.

돈을 주며

"덕수야 다녀와라"

"오늘 동회 논다니깐요."

"야이 상노므새꺄. 지금 내가 담당자와 통화했어!!!!!!"

"그래요? 헤헤…"

하며 돈을 받고는 나간다.

대체… 누굴 위해 동회를 가야 하는지… 전혀 개념이 없는 답답한 놈.

어떤 놈이 한마디 한다.

"형님. 대체 저 놈 뭐 때문에 신경쓰고 그래요? 그냥 뒈지게 놔둬요."

"저놈. 고아야. 아무도 신경써 줄 사람이 없어. 저 푹꺼진 대가리 뚜껑은 씌워 줘야 할 꺼 아니냐."

결국 이주일 정도 지나 주민등록이 나오고 또 1급생활보호대상자 의료보험이 나왔다. 병원비가… 2급이면 일부부담… 1급이면 전액 무료란다.

단, 의료보험해당만 무료.

결국 3백만원이 문제다.

불경기에 3백이 어디서 나온단 말인가.

하루 이틀이 지난다.

아무런 개념없는 덕수는 찌그러진 머리를 하고서 히히덕거리며 담배를 피고 있다. 마음약한 아줌마들은 그 머리를 보고는 헛구역질을 한다. 도망가는 여자들도 있다.

저 새끼 뚜껑은 씌워 줘야 한다.

삼백… 삼백…

종이를 꺼냈다.

짧게 썼다.

'상인 여러분. 덕수 머리를 보셨을 줄 압니다. 불경기에 어려우시겠지만 수술비가 삼백이랍니다'

그리고는 아무 말없이 한곳씩 차례로 종이를 내밀었다.

5만원, 10만원, 3만원, 5만원, 5만원……

쭈욱 돌면서 …

'덕수 이 놈 참… 사람들에게 인심을 많이 잃었구나…'를 피부로 느낄 수 있었다.

(이 놈은 지 편한 일은 악착같이 하고, 조금이라도 무겁거나 멀거나 귀찮은 일은 피해 다니는 놈이다)

'이사장. 좋은 일… 하시네.'

'형님. 수고하십니다.'

'형. 천당갈꺼야.'

등등의 이야기가 있는가 하면,

'좋은 일이지만 나!! 그 놈에겐 한푼도 낼 수 없어.'
'이형. 우리도 어려워 죽겠는데 왜? 우리한테 돈을 걸어? 난 못내.'
'이사장… 시간이 많이 남나 보지?'

라며… 비웃는 듯한 사람도 있었다.

………

그냥 아무 말없이 한집 한집 돌았다.

그리고 삼백사십오만원을 모았다.
고마운 분들.

덕수를 백병원에 입원시키며 말했다.

'이 놈아. 말썽부리지말고 시키는 대로 잘해!!'

덕수가 한마디한다.

'제가 참는 데까지는 참지만… 못 참게 하면 저도 가만 안 있어요.'
'야이 개새꺄. 니가 참고말고 할 게 뭐가 있어!!!!!!'

어쨌든,
덕수는 수술을 끝내고 보름 만에 멀쩡하게 동그란 머리로 돌아왔다.

생활보호대상자로 등록이 되어 매월 20만원쯤 통장으로 들어온다.

그리고,

사고 이전과 하나도 다름없이 아무런 개념없이 살고있다.

엊그제 몹시 추웠던 날.

좀 무거운 물건을 여의도에 보내려고 덕수를 찾으니…금방 옆에 있던 놈이 없어졌다. 핸드폰을 해도… 안 받는다.

엊저녁엔 남대문 지하도에서 비틀거리는 덕수를 봤다고 누가 얘기한다.

오늘도 낮에 전화를 했다.

"덕수야. 밥먹어라."

"옙."

어디선가 총알같이 달려와 젓가락으로 김치찌개 돼지고기만 골라 먹는다.

술꾼 동파

덕수 이야기(2)

지난 토요일.

덕수는 지저분하고 덥수룩한 머리를 박박깍고 나왔다. 냄새나는 시커먼 작업복도 깨끗이 빨아 입고 싱글벙글 돌아다녔다.

오늘 덕수는 나오지 않았다. 또 어디가서 술퍼먹고 자빠져 있겠지.

전화를 했다.

동파 : 여보세요.
경찰 : 이거 이덕수씨 전화인데… 그분 어제 교통사고로 사망했습니다.
동파 : 헉~!!

경찰 이야기로는 어제밤 12시쯤 종로1가 뒷길 어딘가에서 술 먹고 누워있다 승용차에 치여 즉사했단다.

덕수.
사람들은 그 놈을 '개덕수'라 부른다.

뇌수술 이후 그토록 술 먹지 말라고 타이르기도, 야단치기도 욕도 했지만 소용 없었다.

하루 몇만원 벌어 맨날 다 처먹기에 매일 만원씩 저금을 시켰다.

몇만원 모이지도 않았는데…

"사장님. 오토바이 고쳐야 되는데요."

"안돼. 이 놈아."

"사장님. 고시원 월세 줘야 되는데요."

"야 이새꺄. 맨날 번돈 다 어쨌어. 못 줘."

"사장님. 배가 아파서 약국에 좀 가야 되는데요."

……….

"여기 있다!! 여기 있어!!!!!! 통장, 도장 다 여기 있으니 가서 술을 퍼먹든 ○질을 하든 니 맘대로 해라. 이 쌍노무새꺄."

강북 삼성병원으로 갔다.

시신을 좀 보자고 하니 직원이 말한다.

"시신이 너무 훼손되서 보실 필요도 없네요. 가족들은 없나요?

"그 놈 고아라 아무도 없습니다."

"처리방법은 두 가지입니다. 그냥 놔 두면 석달 후에 서울시에서 알아서 처리해 주고… 시신을 인수할 의향이 있으시면 경찰에 말씀하셔서 사건 종료 후 인도해 드립니다."

언젠가 덕수가 만취가 되어 남대문 시장바닥에 나뒹굴고 있었다.

숙소인 고시원에는 데려다 줘야겠기에 '덕수야. 일어나라. 집에 가자'

이 놈 휘까닥 뒤집어진 허연 눈으로… '뭐야 씨발놈. 개새끼… 중얼중얼'

으이그~ 내팔자야. 억지로 상가계단에 눕혀놨다.

경찰은 사고처리 시간이 열흘 정도쯤 걸린단다. 인수의향이 있으면 상부에 보고 후 연락을 준다고 했다.

술꾼들이 모여 한잔 했다.

술맛이 쓴지도… 단지도 모르겠고 취하지도 않는다.

"그 새끼 그거 차라리 잘 됐어. 그렇게 살아서 뭐해."
"그래도 불쌍해."
"덕수 오토바이 저 길가에 그냥 있는데 어떻하지?"
"그래도 형님이 덕수생각 제일 많이 했는데… 서운하시죠?"
"후~ 고단한 인생 … 그렇게 끝나는구나. 얘들아. 장례치르고 담에 날잡아 천도제나 올려주자구."

골치아픈 일로 머리썩고 있던 어느날.
덕수는 무슨 장난감을 들고 히히덕거리고 있었다.
문뜩, 그걸 바라보고 있노라니…

덕수 그놈이 무척이나 부러웠던 적이… 잠시 있었다.

덕수.

잘 가시게.

고단했던 육신 훨훨 벗어버리고…

잘 가시게.

술꾼
동파

어느 여인의 전화 (1)

몸이 찌뿌둥~하다. 왜냐고?

♬ 묻지마라~ 왜냐고 왜그런가 묻지를마라~ 고독한 남자의…

뻔하지 않는가. 어제 또 사알짝 과음을 했다.

출근하자마자 지방에서 전화가 왔다.

"사장님요~ 어제 보내 주신 카메라 … 와 자꾸 줄이 갑니꺼."

"무슨 소리야. 내가 다… 테스트해서 보냈는데…"

"와 보이소. 안 되는 걸 우얍니꺼."

620만원짜리 카메라가… 안 된다면…

우~ 머리에 짝짝!! 금이 간다.

'보내 봐라'

'당장 써야 되는데 하나 새로 보내주이소'

'야 이새꺄. 일단 봐야 될꺼아냐!!!!'

아침이 이렇게 산뜻하게 지나간다. ㅡ_ㅡ;

조금 있으니 또 전화가 온다.

'사장님. A70 얼마죠?'

'삼십이만원… 야… 이 놈아. 입금 좀 하면서 얼만지 물어 봐라.'

'에이~ 왜 또 그러세요. 카드 떨어지면…'

'전화 끊어 이 놈아'

이따위 전화를 하다보니… 메슥메슥한 속이 더 부글거린다.

아! 난 전생에 무슨 죄를 그리 많이 져서… 이 상쾌한 가을 아침에 이따위 전화만 해야 하는가. ㅡ_ㅡ

커피언니가 생글생글 웃으며 다가와 커다란 컵에 녹차를 탄다.

언젠가 '생로병사의 비밀'에서… 녹차가 뭐 콜레스테롤을 낮춘대나 모래나… 라는 말을 듣고…

그날부터 주그리장창 녹차만 마시고 있다.

우린 물만 먹는 건 20%… 잎까지 다 먹으면 70%를 흡수한대나?

그래서 녹차봉지를 쭉~ 찢어 다 쏟아 붓고 휘휘~ 저어 먹는다. 70%를 위하여. ^^

뜨거운 녹차를 후~ 불고 둥둥 떠있는 녹차건더기ㅡ_ㅡ를 우물우물 씹고 있는데…

"따르르르륵… 따르르르륵…" 전화벨이 울린다.

이건 또 어떤 새끼가 남의 속을 뒤집으려는지….

동파 : (중후한 목소리^^) 여…보…세…요…

여인 : 저… 혹시 … 오늘 저녁에 시간 있으세요?

동파 : (헉~!!) 누… 누구세여?

여인 : 오늘 저녁 시간 있으시냐구요. 있으시면 소주 한잔 대접해 드리

고 싶은데…"

동파 : (이게 웬 떡이냐^^;;) 시간이야 있지만… 누구신지…

여인 : 저… 모르시겠어요?

동파 : 글쎄… 모르겠는데여….

여인 : 그건 있다가 만나면 알테고… 오늘 꼭 !! 저녁에 시간 내주셔야 해요!!!!

동파 : (우와~ 살다 보니 이런 일도??) 예. 시간은 내는데… 누구신지…

딸깍. 전화는 끊어졌다.

누굴까? 날 아는 여자 같은데… 대체 목소리는 어디서 많이 듣던 것 같기도 하고… 아닌 것도 같고…

그럼 몇시에 어디서 만나자는 말이라도 해야 할 것 아닌가.

혹시 내가 그동안 쏘주 얘기 쓴 걸 보고 전화한 팬 ^^; 이 아닐까? 아니야. 그건 아닌 것 같아.

갑자기 날 사랑한다고 고백하면 어쩌지?

소주먹고… 다음엔 뭘하지? 노래방엘 가야 하나?

갑자기 내게 안겨 오면 어쩌지? 여관엘 가나? 아니야… 그래도 호텔로 모셔야지…

뭐 이따위 되지 못한 상상을 하다가…….

동파 : 야. 기노야. 이러저러한데… 만나 봐야겠지?

기노 : 에이~ 그거 형수님이 친구시켜서 장난치는 거야. 그거 잘 생각해야 되요. 괜히… 잘못했다간 난리나.

동파 : 야! 우리 마누라… 그런 고차원… 절대 생각지도 못한다. 아니야….

오후 내내 복잡다난싱숭생숭기분만빵왠지불안기분착잡… 했다. ㅡ_ㅡ;;;

마침내.

저녁 일곱시쯤 전화가 왔다.

여인 : 아까 약속 안잊으셨죠?

지금 시간이 새벽 두시사십팔분.

도저히 취해서 글을 쓸수가 없군요.

내일 아침에 또 일찍 출근해야 하는데…

아까 그 여인이 따라준 술이…

너무도 달착지근해…

지금 너무 취합니다.

아… 이젠 자야겠습니다.

내일 많이 안마시면 다시 쓰겠습니다.

정말 미안합니다.

술꾼 동파

어느 여인의 전화 (2)

오늘은 국군의 날.

시청앞 광장의 행진에 앞서 서울역쪽과 우리 빌딩이 있는 남산쪽에서 여러 부대들이 준비를 하고 있었다. 군가를 부르고 대오를 정비하며 열심히 준비들을 하고 있다.

그들을 바라보며 왠지 코끝이 찡~해지는 걸 느꼈다.

비는 왜 그리 구질구질 오는지… 이 놈의 비는 끝까지 속을 썩인다.

다 멋지지만 역시 육사생도들이 절도있고 늠름하다.

(이보쇼… 대체 그 여자랑은 만났소? 안 만났소. 국군의 날 행사는 이미 다 봤으니 빨리 그 여자 얘기나 해 봐!)

아~! 죄송 ^^;

여인 : 아까 약속 안 잊으셨죠?

동파 : 예. 안 잊었습니다. 하지만 누구신지 알기 전에는 나갈 수 없습니다.

여인 : 정말…저 모르시겠어요?

동파 : (단호하게) 예. 모릅니다.

여인 : (웃으며…) 저 '김예금' 이예요.

동파 : 김예금? 글쎄요… 모르겠는데요.

여인 : 오비집!!!

동파 : 엥? ??? 아줌마가 웬일이야?

(註: 오비집 - 남대문 대로변 허름한 건물 이층에 맥주와 마른안주… 계란말이, 두부김치, 북어찜 뭐 등등… 비교적 간단한 안주와 술을 파는 가벼우면서도 저렴한 집이다. 점심엔 비교적 깔끔한 백반을 팔고 또 배달을 한다. 점심에 가끔 뭐 마땅히 먹을 게 없을 때 백반을 시켜먹는다. 단촐하지만 아주 맛있다.)

오비집 안에는 이쪽 저쪽에 전부 아는 사람들이 앉아 있다.

남대문 상인들의 사랑방이라고나 할까?

예금씨는 오전부터 밤늦게까지 부지런히 장사를 하는 억척스런 여자다.

화장을 거의 하지 않는 늘 수더분한 차림으로 일하는 사람인데…

오늘따라 화장까지 했다.

돼지보쌈과 날치알 김말이를 내온다.

예금씨가 따라 주는 소주를 한잔 쭉~ 하고 정성스레 삶은 보쌈을 새우젓 찍어 꼭꼭 씹어먹으니…

아~ 입에서 살살 녹는다.

동파 : 대체 뭔 일인데?

예금 : 뭔 일은 아니고… 꼭 사장님께 한잔 대접하고 싶었어요.

동파 : 왜? 쏘주 먹으러 다른데는 잘 가면서 여기는 안 온다고?

예금 : 그게 아니라… 나 어제 사장님 책 다 봤어요. 책이라고는 거의

잘 안 보는데…

동파 : 아하~ 그랬구나.
('아이올리브'라는 싸이트겸 출판사가 있는것 아시죠? 얼마전에 그동안 이리저리 써 놓은 글을 그곳에 보내서 한권의 책으로 만들었습니다. 뭐랄까… 내 돈내고 딸랑 몇권 만드는 나만의 책이랄까. 그 책을 내 앞가게 강부장이라는 놈이 읽다가 이 집엘 들고 왔는데 그걸 예금씨가 뺏어 읽었나 봅니다.)

예금 : 사장님 정말 대단하세요.

동파 : 대단은 개똥이 대단. 그냥 술먹는 얘기 쓴 거지. 어쨌든 그 책 만든 보람은 있네. 이렇게 예금씨가 곱게 화장도 하고 술도 한 잔 대접받고…

예금 : 시간 많으니까 많이 드세요. 다른 안주도 더 만들어다 드릴게요.

동파 : 자!! 예금씨도 한잔 해요.

이쪽 저쪽 테이블에서 야유가 날라온다.

뭐야~ 아줌마 바람났어? 와~ 둘이 데이트하는 거야? 뭐 어쩌구 저쩌구하면서 보는 놈들마다 한마디씩 한다.

그러거나 말거나 나는 고마움 반, 뿌듯한 마음 반… 뭐 이러면서 부지런히 마셨다.

예쁘지는 않지만 정성껏 화장하고 곱게 술을 따르는 그 모습이 너무 아름답게 보인다.

언젠가 이태원 어디쯤 보신탕집엘 갔었는데…

그집 육십넘은 주인 아줌마가 한복 곱게 입고 화장하고… 공손히 무릎꿇고 앉아 정성껏 고기를 손질해 주는데… 그 품위와 격조에 감동받은 적이 있다.

오늘 문뜩,

소주 한잔 따라 주는 예금씨를 바라보니 그 장면과 스르르 겹친다.

아 ! 벌써 취했나?

신하는 자기를 알아 주는 주군에게 목숨을 바치고…

여인은 자기를 사랑해 주는 님에게 모든 걸 다 바치고…

술꾼은 자기를 진정한 술꾼으로 인정해 주는 이를 위해… 엄청 마셔 준다. ^^;;

마셨다.

많이 마셨던 것 같다.

예금씨는 이쪽 저쪽 손님들의 안주를 만드느라… 술병을 나르느라 별 얘기는 못 했지만 간간이 다가와 술을 따랐다.

나는 정말 고맙다는 말과 함께 일하느라 거칠어진 손에 따스한 키스를 했다.

그리곤…

비틀거리며 오줌을 싸고…

집으로 왔다.

'산을 오르면 내내 힘들지만 때때로 잠깐의 시원한 바람이 있다'

술꾼 동파

술꾼의 '신주회'

"형님. 우리도 이천오년 신주회 해야지요?"

"야 이 놈아! 어제도 같이 먹고 올해 들어 맨날같이 먹은 놈이 뭔 놈의 신주회냐?"

"그래도 그게 아니죠. 시조회도 있고 시산제도 있고 개해제도 있는데 우리도 신주회-_-를 해야 할 거 아닙니까!"

(註: 개해제(開海際) : 다이버들이 그해 첫 다이빙을 나갈 때 지내는 제)

"그래? 그럼 우리도 지킬 건 지켜 가며 먹어야지. 다 불러라."

창권이, 연근이, 대팔이, 승환이, 기노, 병국이, 봉구 줄줄이 모여 모래내 갈매기집으로 향했다.

갈매기집 설사장이 반갑게 맞이한다.

"올해도 돈 많이 벌어야죠?"

"아이고 고맙습니다."

탁자가 딸랑 네 개 밖에 없는 그 집은 조금 좁아서 추운 날씨에

두툼하게 입고 온 외투들을 놔둘 데가 마땅히 없었다.

하는 수 없이 의자 위에 산더미같이 쌓아 놨다.

활활 타오르는 불 위에서 동죽이며 가리비, 키조개 등등이 몸부림을 치며 익어 가고 있다.

아아~~ 조개는 왜 이리 맛있는지….

대팔 : 성. 건배하기 전에 뭐라고 한 말씀 하시쇼잉~

동파: 니들… 지난 한해 동안 지독한 불경기에… 없는 돈에… 소주 마시러 다니느라 고생 많았다.
이제 새해도 밝았으니 우리 좀더 힘차게 마시러 다니자. 장사 안 된다고 덜 먹고, 어제 많이 먹었다고 빼고, 피곤하다고 일찍 들어가고…. 이래가지고 언제 우리가 술을 먹겠냐.

일동 : 옳소~~

동파 : 여기 설사장도 올해 애가 대학에 들어간다. 또, 풍미옥 사장… 요새 장사 안 된다고 울상이더라. 일미집 감자탕 아줌마, 중구청 과메기집 강구띠기, 삼다도 필순씨~~
이 분들… 우리가 안 도와 주면 누가 도와 주겠냐. 우리가 조금 희생해서 열심히 도와 드리자구.

창권 : 형. 내가 진짜! 정말!! 존경합니다. 암~ 암~

동파 : 자… 건배하자. 이족!!

일동 : … 사족~~~~~~!!!!!!!!!!!!

(또 註 -_- : 이족사족(二足四足) - 음주무림에 전설적으로 전해 내려오는 초절정음주신공. '동파비급' 마지막 장에 전해 내려온다.
'소주집에 두발로 멀쩡하게 걸어 들어가…
네 발로 기어나온다. -_-;;;')

동파 : 그리고 새해에 고쳐야 할 점을 하나씩 지적해 주겠다. 대팔이. 너는 이 놈아 새해부터는 세잔씩으로 올려. 그동안 그렇게 수련을 했으면 이제 세잔 정도는 먹을 수 있잖아!
(그는 꼴랑 두세잔 먹으며 일년내내 술자리에 참석한다. -_-)

대팔 : 저 벌써 세잔씩은 먹는당게요.

동파 : 그래? 짜식. 그럼 네잔으로 올려. 창권이. 넌 임마 맨날 바이어 핑계대고 2차 3차 좀 가지 마라. 정 갈려면 나 좀 데리고 가고!! 알았어? 너는 이 놈아 술먹으면 제발 다음날 일찍 출근하고… 너는 제발 안주 좀 조금씩 처먹어라. 그리고 너, 술 두어병 먹었다고 비틀거리지 말고!!!!!

창권 : 형은 형 입맛에 맞는 데만 가지 말고 우리 입맛도 좀 생각해. 우리 좋아하는 저기 토방오리집엔 왜 안 가는데??????

동파 : …… 좋아. 낼 거기 갈테니까… 니가 쏴라.

창권 : -_-;;;;

조개가 두어판 구워지고… 생선내장탕이 버얼겋게 부글부글 끓는다.

조금 취기가 오르고 술꾼들의 횡설수설은 끝없이 이어진다.

동파 : (벌떡 일어나며 소주잔을 높이 든다) 건.강.은. !!!!!!

일동 : 건강할 때!!! 해.치.자!!!!!

옆탁자 손님들이 너무 시끄러웠는지…
어이가 없는지…
슬금슬금 일어나 가버린다.
별 미친놈들 다 보겠다는 듯이….

옆탁자가 치워지고…
찬소주 한잔하고…
뜨거운 국물을 뜨려는데…
갑자기 어디선가 탄내가 난다.

이거 무슨 냄새냐?
글쎄… 뭐지? 뭐지? 하다 보니
옆탁자 위에 동파의 외투가 지글지글 익고 있었다.

"헉~! 이거 뭐냐? 엉?"

이미 어깨부분이 완전히 타버려 구멍이 뻥~ 뚫렸다.

기노 : 아니… 여기 불이 있었어? 옴마… 나는 여기 쌓아 놓은 옷이 자꾸 쓰러지길래… 잘 놓는다고 놨는데? @.@

동파 : 야~~ 이 놈아. 나 그거 단벌외투야!!!!!!!!!!!!!!!!!!

그런데 이상한 일은…
기노에게 화가 나는 것도 아니고…
옷이 아까운 것도 아니고…
술이 취하는 것도 아니고…
오로지,
그 순간에,
동녀의 독기어린 눈과 짱알짱알대는 잔소리만이 귓속을 맴도는 것이었다.
아아… 내 상상력은 왜이리 풍부한가 ㅡ_ㅡ;;

다음날 아침.

나의 놀라울 만치 예리한 통찰력은 어김없이 들어맞았다.

“내가 못 살아!!! 오리털파카를 잊어 먹지 않나. 그 비싼 외투를 태워 먹질 않나. 이제 어떻할꺼야!!!!!!!!! 나도 몰라. 이젠 벌거벗고 다니던지… 말던지… 알아서 해 %$%$#%^*^%!!!!!!!!!”

때로는 혼자 살고 싶은 마음이 불쑥 들 때가 있다. ㅡ_ㅡ

출근 후.

모래내 설사장이 가게엘 찾아 왔다.

동파 : 아니… 웬일이야?

설사장 : 이거 입어 보세요. 맞을지 모르겠네.

내 외투가 탄게 기노 때문인데도 불구하고 설사장은 타버린 외투와 똑같은 걸 사가지고 왔다.

후~ 안 그래도 되는데… 요새 장사도 안 된다고 하면서 이건 왜 사왔을까.

족히 이삼십만원은 되는데….

고마운 마음은 둘째치고 정말 미안해 죽겠다.

설사장은 휑~하니 가버린다.

신주회ㅡ_ㅡ는 그렇게 새 외투를 하나 남기고 끝이 났다.

아… 모래내 갈매기집은 또 얼마나 가야하나.

화장실에서 생긴 일 ㅡ_ㅡ;

오래 전 어느 글에서인가? 본 적이 있다.
화장실 낙서.
굵은 매직으로 '← 오른쪽을 보시오'
어떤 놈은 화살표를 따라 왼쪽을 본다나 어쩐다나….

오늘
늘 가는 화장실엘 갔다.
급하게 문을 열고…
바지를 내리고 앉았는데…….
말로만 듣던 전설적 낙서가 떡하니 그려져 있었다.
낙서한 지 얼마 되지 않은 듯 선명한 매직으로….

'→' 그리고 옆에 '왼쪽을 보시오' 라고 씌어 있었다.
아! 이러면 안 되는데…
오른쪽을 보면 안 되는데…
라는 생각을 하면서도 나의 머리는 어느새 오른쪽으로 돌아갔다.
ㅡ_ㅡ

여러분도 잘… 아시겠지만 거기에는 이런 글이 있었다.

'븅신. 이쪽이 왼쪽이냐'
-_-;;;;;

내가 억울한 건…

이런 류의 낙서가 있다는 것을 익히 알고 있었다는 사실이다. 그럼에도 불구하고… 당하다니.

정신을 가다듬은 나는 왼쪽을 보았다.

거기엔…

거기엔…

아무것도 없었다. －_－

이런 개시끼!

최소한 무슨 말이라도 써 놨어야 하는 거 아닌가!!!

'미안합니다' 라든가… '자꾸 두리번거리지 말고 빨리 싸고 나가라'든가….

그게 낙서인의 진정한 자세가 아닐까?

'븅신. 이쪽이 왼쪽이냐' 라면서 븅신이 됐고….

익히 알고 있으면서도 고개를 오른쪽으로 돌린 내 스스로가 또 한번 븅신이 됐다. －_－

나도 배웠다면 배운 사람이고….

먹었다면 어느 정도 먹은 사람이다.

(뭘? －_－?? ……… 쏘주 ^^;)

아침부터 이렇게 븅신 소리 들어 가며 살고 싶지 않았다.

화장실을 나와 죽… 늘어선 가게를 이곳저곳 살폈다.

매직이 꼽혀 있는 곳을 하나씩 하나씩…….

그러다가 '연우상사' 김사장(그놈 이름이 창식이다) 책상 위에 있는 굵은 매직이 눈에 띄었다.

동파 : 니가 화살표 그렸나?

창식 : 예?

동파 : 니가 이 새꺄… 나보고 븅신이라고 그랬어?

창식 : -_-?? 무슨 말씀 하시는 거예요???

쭉~ 설명을 하니 창식이는 어이없다는 듯이 웃으며… 한마디 한다.

'형님. 어제 술이 아직 안깼으면 싸우나나 다녀오세요.'

개시끼.

심증은 가는데… 물증이 없다.

독자 여러분!

이 다음에 혹… 그런 낙서 보거들랑….

화살표는 무시하고 글에서 요구하는 쪽으로 고개를 돌리세요.

간곡히 부탁드립니다.

술꾼
동파

2 | 술로 전하는 마음

명시감상 — 막걸리 vs. 소주^^;

피곤하시죠?

나른한 당신을 위하여 '주옥'같은 두 편의 시를 올려봅니다.

두 편을 비교하며 읽으시면…

감동은 두 배가 된답니다.

막·걸·리

千祥炳(천상병)

나는 술을 좋아하되
막걸리와 맥주밖에 못 마신다.

막걸리는
아침에 한 병(한 되) 사면
한 홉짜리 적은 잔으로
생각날 때만 마시니
거의 하루 종일이 간다.

맥주는
어쩌다 원고료를 받으면
오백 원짜리 한 잔만 하는데
마누라는
몇 달에 한 번 마시는 이것도 마다한다.

세상은 그런 것이 아니다.
음식으로
내가 즐거움을 느끼는 때는
다만 이것뿐인데
어찌 내 한 가지뿐인 이 즐거움을
마다하려고 하는가 말이다

우주도 그런 것이 아니고
세계도 그런 것이 아니고
인생도 그런 것이 아니다.

목적은 다만 즐거움인 것이다
즐거움은 인생의 최대목표이다.

막걸리는 술이 아니고
밥이나 마찬가지다
밥일 뿐만 아니라
즐거움을 더해주는
하느님의 은총인 것이다.

* * * * * *

소·주

東波(아시죠? 그넘^^;)

나는 술을 엄청 좋아하되
맥주나 양주를 싫어하고
소주만 마신다

소주는
보름에 열병정도 사면
애들 우유먹는 컵으로 두세컵씩
술 안먹고 들어가는 날만 마시니
거의 보름이면 뚝! 떨어진다. ㅡ_ㅡ

막걸리는
등산갔다가 내려오면
이천원짜리 너댓통 밖에 안먹는데
마누라는
일주일에 한번 마시는 이것도 지랄한다. ㅡ_ㅡ;

술꾼의 세계는 그런 것이 아니다.
간식으로
내가 즐거움을 누릴 때는
다만 이것뿐인데
어찌하여 내 한가지뿐인 즐거움을
말리고 난리부루스냔 말이다. ㅡ_ㅡ;;

당신 친구 경자도 그러지 않고
내 친구 승환이 마누라도 그러지 않고
심지어… 나도 당신 술먹을 때 그러지 않는다. －_－;;;

술먹는 목적은 다만 취하는 즐거움인 것이다.
그것이 바로 존재의 이유란 말이다.

소주는 술이 아니고
생명수와 마찬가지다.
생명수일 뿐만 아니라
취중환락을 제공하는－_－
두꺼비의 은총인 것이다.

ps. 오옷! 신이여!! 저 주옥같은 詩를 정말 제가 썼나이까!!!

술꾼 동파

뷔 페

오늘 엄청 내리는 눈을 뚫고 예식장엘 다녀왔습니다.
아는 형님의 딸이 시집을 간다는군요.
미국 어학연수 중에 만난 넘과 눈이 맞았다고 했습니다.
결혼을 해야겠는데… 상대를 아직 못 만난 사람은
'어학연수' 가시기 바랍니다. ^^;

식이 끝나고 식사는 뷔페에서 했습니다.

뷔 페*__

그곳을 다녀오면 왜?? 꼭 집에 와서 라면을 먹어야 하는지….
정말 알 수 없는 일입니다.
사람마다 식성이 다 다르지만 동파는 그곳에 가면 청포묵과 연어회만 먹습니다.
혹, 꼬진 뷔페엔 연어회가 없습니다. ―_―;
고급뷔페냐… 아니냐 하는 것은 연어회가 있느냐 없느냐 하는 걸로 판단할 수 있답니다.
무… 물론 동파의 지극히 '개인적인 기준'입니다. ^^

오늘은 그나마 연어회가 있어서 커다란 접시에 그… 바알간 연어회만 가득 담아 맛있게 먹었습니다.

소주를 컵에 가득 따라 한 모금 하고….

하아얀 기름띠가 정교하게 늘어선 그 얇고 바알간 연어회를 한입 베어 물면 입안 가득 퍼지는 훈제향과 더불어 사알살 녹아 내리는 그 육질의 고소함은….

"왜 이 세상에 태어났나?" 하는 존재의 이유를 명쾌하게 풀어 줍니다.

옆에선 동녀가 고기를 산더미같이 쌓아 놓고 게걸스럽게 먹고 있습니다. 아무래도 내일부턴 더 열심히 일해야 할 것 같습니다. -_-

동녀 : (우물거리며) 나도 늙었나 봐. 고기가 이렇게 좋으니….
오호호홋!!(또 우물우물-_-;)

동파 : 여보. 옛날에 과천 뷔페에서 그 소주… 생각나?

동녀 : (눈을 흘기며) 창피하게 어디 가서 그런 얘기하면 혼나!!

오래 전*_

뷔페가 일반 대중화되기 전.

무슨 일이었는지는 기억이 나지 않지만 롯데호텔 뷔페엘 갔었습니다. 난생 처음 가본 그곳에는 달팽이 요리도 있었고 초밥도 있었고 석화(굴)도 있었고…

하여간에 '다리달린 책상' 빼고… '날개달린 비행기' 빼고 다 있었죠.

내 월급이 십오만원 할 때 일인당 '사만원' 씩이나 했으니…
네명이 갔다면 한끼 식사로 한달 월급이 몽땅?

그 날 동파가 샀냐구요?
핫핫! 아닙니다. 얻어 먹었습니다.
하지만, 별로 많이 먹지를 못했습니다.

왜?

함께 간 그 사람들은 술을 먹지 않는 것이었습니다.
얻어 먹는 주제에 술을 시킬 수도 없었고….
'소주'없이 그 호사스럽고 기름진 음식들을 먹는다는 것은 동파에겐 '고통' 그 자체였답니다. 고급가죽으로 된 메뉴판엔 이름 모를 양주 9만원, 법주 5만원 등등 몇가지의 술이 있었는데… 하여간에 엄청 비쌌습니다.
소주는 명단에도 없었습니다. ㅡ_ㅡ
비싸서 안 시켰는지 술을 원래 안 먹어서 안 시켰는지 모르지만
어쨌든 술 없는 음식은… 도저히 넘어가지 않았습니다. ㅡ_ㅡ

혹, 아시나요?
그 이후… 동파는 후세에 길이 남을 유명한 말을 남겼답니다.

"고급 뷔페에 가거들랑 물병에 소주를 꼭 싸가시오."

며칠 후,

동녀 : 여보옹~ 우리도 뷔페 한번 가요. 과천에 새로 생겼대.

동파 : 안돼! 뷔페엔 소주를 팔지 않아. 그런 곳은 절대로 갈 수 없어!!!

또 며칠 후,

갑자기 소주를 싸가면 된다는 절묘한^^; 방법이 생각났습니다.

전화를 했습니다.

동파 : 좋아! 뷔페 가자.
나같은 남편 있으면 나와 보라고 해!! 우핫핫!!

동녀 : 정말?

동파 : 근데… 소주 좀 담아 와.

동녀 : 어떻게… -_-?

동파 : 물병이나… 음… 하여간 아무데나 담아 와. 알았어?

동녀 : 웅… -_-;;;;

애기(이 애기가 이번에 대학에 갑니다)를 들쳐 업고 기저귀가방을 들고 동파와 동녀는 과천 무슨? 뷔페인가엘 들어갔습니다. 우리는 아무 말없이 제일 구석진 곳으로 갔습니다.

동파 : 소주는?

동녀 : 갖고왔징~(배시시 웃는다)
(註 : 이렇게 착하고 순종적이던 여자가… 지금은…. 음… '인생무상'을 절감한다. -_-;)

가방에서 애 우유병을 꺼내는데…

바로 거기엔…

맛있는 소주가 가득 들어 있었습니다.^^
컵의 물을 벌컥벌컥 다 마시고는 몰래몰래…
우유병의 소주를 그 컵에 따랐습니다.
마치 무슨 죄짓는 사람처럼… 몰래몰래….

음식을 접시에 담아 와서… 컵을 들었습니다.
한모금 쭈욱~ 하며 식탁에 있는 무언가를 바라보았습니다.

욱~!!!!!!!!!!!!!!!!!!!
그곳엔 메뉴판이 있었는데….

소주 2천원.
맥주 3천원.

주위를 둘러보니 이곳저곳에서 소주병을 탁자 위에 놓고….
마음껏 마셨습니다. —_—;;;;;;;
………………
…………
……
그날 이후로 동파는 또 유명한 말을 남깁니다. —_—

"잔머리는 아무때나 쓰는 게 아니다. -_-;;"

술꾼 동파

음주론

누군가 동파에게 묻는다.

‘술은 왜 마시나요’

‘핫핫… 술이 거기 있으므로 마신단다. 이 놈아!’

‘에이~ 그거 어디서 듣던 소린데….’

‘엥? 어떤 놈이 벌써 그런 소리를 했단 말이냐?’

‘산이 거기 있으므로 오른대나 뭐래나… 그런 말 있잖아요.’

‘하~ 무식한 놈. 예수님이 네 이웃을 사랑하라는 말씀을 했다고…. 그 이후로 아무도 네 이웃을 사랑하라는 말을 하면 안 되냐?
내가 알기론 말이야…
예수님 이전에도 네 이웃을 사랑하라는 말씀을 하신 선현들이 많이 있었을 거야. 그 말이 뭐 그렇게 어려운 말이냐?’

‘……….’

‘우핫핫… 술은 왜? 마시냐… 하면 말이야….’

‘왜 마시는데요?’

‘술은 맛있으니까 먹는 거야’

술 · 이 · 란?

어느 시인이 말했던가?
작은 씨앗을 바라보며…
이 작은 씨앗 속에 어디 그토록 아름다운 꽃이 숨어 있으며
어디 그토록 황홀한 향기가 들어 있는지… 신비로울 뿐이라고.

소주잔에 소주를 한잔 따라 들여다 본다.

이미 맛이 간 게슴츠레한 눈으로 그 눈부시도록 투명한 소주를 바라본다.

그 투명함 속 어디에
웃음이 들어 있고
눈물이 들어 있고
광기가 들어 있나?

그 투명함 속 어디에
한숨이 들어 있고
뼈저린 회한이 들어 있나?

그 맑음 속 어디에
우정이 들어 있고
사랑이 들어 있고
섹스-_-가 들어 있나?

창세기 첫 장을 넘기면 '태초에 술이 있었다'라는 만고불변의 진리가 나온다.

생명의 4대요소는 물, 공기, 햇빛 그리고 술.

사람은 매일 밥을 먹고 술꾼은 매일 술을 마신다.

'그러니까 술이 뭐냐고요~'

'캬~ 이런 무식한 놈을 봤나. 이제껏 얘기해 줬잖아!!

마셔. 그냥 마시다 보면 깨닫게 될 거야'

술꾼의 · 바람직한 · 자세

술 마시는 사람- 즉, 술꾼이 갖추어야 할 가장 기본자세는 한 가지다.

'남에게 폐를 끼치지 않는다'

쏘주를 너댓병 마시든,
막걸리를 마시든,
맥주를 만cc를 마시든,
룸싸롱에서 영계를 끼고 계곡주를 마시든,
(아… 나도 계곡주 먹고 싶다. -_-;;)
무얼 어떻게 먹든 간에 자유!!!!!

하지만,
함께 마시는 친구에게,
집에 돌아가서는 가족들에게,

다음날 출근해서는 직장의 업무에,

또 스스로의 건강에….

'남에게 절대로 폐를 끼쳐서는 안 된다'

주량이라는 · 것

우리는 흔히 어제 소주를 여섯 병 먹고, 맥주를 두 박스를 먹고, 양주를 대자로 네 병을 먹었다는 미련한 허풍장이들을 만난다.

그런 자들은 틀림없이 맛이 간 꺼부시시한 몰골로 사우나를 간다든지, 찾아도 찾아도 찾을 수 없는 곳에 짱박혀 동료의 업무에 지장을 준다.

TV에서도 어떤 놈이 밤새도록 먹는다든가, 소주 한 박스를 먹어도 멀쩡하다든가 하는 얼토당토한 거짓말을 듣게 된다.

물론, 보통 사람들이 상상하기 힘든 양을 퍼먹는 사람들이 있다. 본인들이야 먹고 싶어 먹지만…

그것이 진정한 주량은 아니다.

진정한 주량이란…

적은 양이든 많은 양이든…

다음날 아침 평소와 다름없이 일어나

평소와 다름없는 일상생활을 해 나갈 수 있는 양을 말한다.

술이 술을 먹는다는 말이 있다.

술을 먹다 보면 자기도 모르는 사이에 주량이 넘칠 때가 있다.

하지만, 오랜 수련과 자기절제를 통해서 얼마든지 자신의 양을 통제할 수 있다.

분위기 좋고 자꾸 땡길 때,

'그만!!'
하고 일어설 수 있는 사람이야말로 진정한 술꾼이다.

술집 · 혹은 · 소주집

비싸고 맛있는 집은 많다.
하지만, 보통의 술꾼들은 주머니가 넉넉하지 않다.
한정된 돈으로 '싸고 맛있는 집'을 가야 한다.
진정한 술꾼은 그런 단골집을 몇 집 알아야 한다.

잔설이 남아 쌀쌀한 그 어느 산자락에서
장마비 억수로 쏟아지는 양철지붕 밑에서
뻥뚫린 가슴… 휑하니 낙엽이 굴러 가는 골목길에서
폭설내려 버스 끊긴 막막한 신작로에서
우리는 소주를 마셔야 한다.
마음편한 친구를 불러내야 한다.
피차 어려운 처지에 싼 집에 가야 한다.
그렇다고 맛이 없어서는 절대 안 된다.
술꾼은 알아야 한다.

'싸고… 맛있는 집'을….

진정한 · 술

우리는 이런 소리를 흔히 듣는다.

우유를 먼저 마셔라.

약한 술에서 독한 술로 마신다.

기름기 혹은 단백질을 충분히 섭취한다 등등의 음주현실과는 동떨어진 이야기들.

술은 그냥 자기 주량껏 맛있게 먹으면 그뿐이다.

술이란
거짓없는 진실함을 나눌 수 있는 친구와
감미롭고 맛있는 안주와
조금은 투명하고 조금은 독한… 술.
이 세가지가 모두 합쳐져야 '진정한 술' 이다.

ps.

독자 : 동파. 당신 주량은 대체 얼마야?

동파 : 저요? 그냥… 한두 병.

독자 : 한 병이면 한 병이고 두 병이면 두 병이지….

동파 : 안주 별로면 한 병… 안주 죽이면 두 병이랍니다. 헤헤….

술꾼 동파

소주의 달인

오늘은 왠지 운동이 가기가 싫었다.

이미 술꾼들은 다 퇴근을 해 버리고….

횡~하니 빈 상가에는 쓰레기만 나뒹굴고 있다.

으음… 난 누구와 한잔 해야 하는가! －_－

그때였다.

저쪽 가게 직원 봉구가 아직 퇴근을 안 하고 TV를 보고 있다.

그 넘… 아직 변변히 사귀는 여자 하나 없는 불쌍한 넘이다.

동파 : 봉구야, 한잔 하자.

봉구 : 싫어여~ 또 순대국이져? 아! 이젠 정말 지겨워.

동파 : 쯧쯧… 그 깊은 맛을 아직도 모르니… 답답한 일이로고.

좁은 골목 좌판에 앉아 뜨끈한 국물을 떠 먹으니 하루의 피로가 씻은 듯이 녹아 내린다.

봉구 : 사장님. 혹시… 알콜중독 아니세여?

동파 : 이 놈아. 너 알콜중독이 뭐라고 생각하느냐.

봉구 : 사장님처럼 맨날 술 먹는 게 알콜중독이져.

동파 : 무식한 넘. 들어 봐라.

알콜중독이란….

술 먹고 법적인 문제를 일으키는 넘, 타인에게 심각한 피해를 입히는 넘, 술 먹은 다음날 하루의 일과를 제대로 해내지 못하는 넘, 건강상의 문제가 있음에도 불구하고 술을 끊지 못하는 넘…을 가리켜 '알콜중독'이라 한단다.

이건 내가 한 말이 아니라… 정신과 의사가 한 말이야.

너… 내가 술먹고 법적인 문제를 일으키디?

봉구 : 아녀~

동파 : 그럼… 남에게 피해를 입히디?

봉구 : 아녀.

동파 : 내가 하루의 일을 못하거나… 건강에 문제가 있디?

봉구 : 그건 아니지만 그래도 맨날 드시잖아여.

동파 : 음… 내가 매일 먹어서… 어떤 불편함이나 잘못된 적이 있었나?

봉구 : …… 그래도 사장님은 알콜중독 같애여.

동파 : 너… 매일 하루 세끼 밥 먹지?

봉구 : 예. 왜여?

동파 : 그럼… 너는 밥중독이야.

봉구 : -_-???… 에이~ 그런 말이 어디 있어여.

어느새 한병이 비워지고 또 한병을 시켰다.

봉구 : 사장님. 대체 주량이 얼마나 되세여?

동파 : 주량? 후훗… 한병 내지 두병이란다.

봉구 : 에이~ 거짓말 마세여. 저번에 해물탕집에서 네병도 더 드셨잖아여.

동파 : 그건 과음을 한 거지… 진정한 주량이 아니란다.

봉구 : 진정한 주량은 또 머에여?

동파 : 진정한 주량이란 말이다~

'일년을 하루도 쉬지 않고 먹을 수 있는 그 양'을 말한단다. 단 하루의 오차도 없이 먹으며… 자기의 일을 무난히 해 내는, 해낼 수 있는 그런 술의 양이 '진정한 주량'이란다. 어떤 무식한 넘들은 소주 몇병, 맥주 몇병, 양주 몇병… 어쩌구 저쩌구 하며 어제 먹은 술을 자랑하지만…

그건 술을 모르는 바보들의 멍청한 이야기일 뿐이지.

술은…. 자랑하는 게 아니야."

봉구 : 그럴 듯한 얘기네여.

동파 : 이 넘아. 그럴 듯한 얘기가 아니라 바로 그게 '주량'이라는거야. 다섯병을 먹으면 무엇하고… 열병을 먹은 들 그게 뭐 그리 대수란 말이냐. 그만큼 먹고 다음날 아무런 지장없이 정상적으로 출근하고… 또, 업무처리도 평상시와 다름없이 해낸다면 더 바랄 것이 뭐가 있겠느냐.

봉구 : 다섯병 열병 먹고 담날 어떻게 제대로 해요. 못하지.

동파 : 그러니까 그건 주량이 아닌 게야. 이제 좀 알겠느냐?

봉구 : 예~ 근데… 이 순대국 이젠 지겹지도 않으세여?

동파 : 이 넘아. 너 이걸 먹으면서 아직도 모르겠니? 이 깊고 진한 맛을. 이 순대국은 북창동 부산갈매기집 동태찌개와 더불어 세계 3대 쏘주안주니라.

봉구 : 나머지 하나는 감자탕이져?

동파 : 그래… 이젠 너도 많이 깨우쳤구나. 핫핫… 대견스럽다. 너도 앞으로 몇년만 더 수련을 쌓으면… 어디가서 술꾼 소리는 듣겠구나.

봉구 : 싫어여~ 제가 왜 술꾼이라는 말을 들어여. 싫어여.

동파 : 허! 그 놈 참….

저쪽 좌판에서 시끌벅적 싸우는 소리가 들린다.

동파 : 봉구야. 저기를 보아라. 저놈들 뭔 일인지는 모르겠지만… 저렇게 성질내고 싸우며 술을 먹는 것은 독을 마시는 것과 같단다. 술도 火요 성질냄도 火니 두 화기가 어우러지면 장기를 손상시킨단다. 저런 술은 안 먹느니만 못하지.

너… 화가 날 때 술 먹어 본 적 있지?

봉구 : 네.

동파 : 어떻디?

봉구 : 술도 취하지도 않으면서 속만 거북하고… 토할 것 같기두 하구….

동파 : 바로 그거란다. 화기가 함께 부딛치면 몸의 기는 더욱 막힌단다. 넘치는 화기는 장기손상을 넘어 자신이나 혹은 남까지 상하게 만들지. 화가 날 때나 슬플 땐… 술을 먹어선 안 된단다.

봉구 : 그럼 언제 먹어여? 그럴 때나 먹는 거지….

동파 : 술이란… 마음이 편하고 즐거울 때 먹는 거야. 마음맞는 좋은 사람들과 함께할 때 비로소 술은… 제 가치를 발휘하는 것이란다. 저쪽 저 여자들을 봐라. 아까부터 깔깔거리며 즐겁게 먹는 소리가 들리지?

봉구 : 네. 우와~ 빈 술병도 엄청 많네여.

동파 : 암암. 즐겁게 동료들과 먹으면 설사 평소의 양이 조금 넘더라도 아마 내일 아침에 일어나면 아주 개운할 거다.

전에도 내가 말했지?

진정한 술이란….

맛있는 안주와 마음편한 친구와 그리고 술, 이 세 가지가 어우러져야… 그게 진짜 술이란다.

너도 항상 술을 먹으려거든 '진짜 술'을 먹어야 한다. 알겠지?

봉구 : 네. 이제 좀 알겠어요.

와~~ 사장님 진짜… '소주의 달인' 같으세여.

동파 : 소주의 달인?

우핫핫핫… 그거 그럴싸한 말이로구나.

봉구야. 건배하자.

진정한 소주를 위하여!!

봉구 : 위하여!!!

봉구와 달인^^;은 찌린내 나는 골목을 돌아 나와 집으로 향한다.

언제 이 놈… 참한 여자 하나 소개시켜 줘얄텐데. -_-

술꾼 동파

취중낙서

어제 종일토록 비가 내렸다.

장사도 신통치 않고… 건물 밖에서 내리는 비를 바라보며 담배만 피워댄다.

친구가 얼굴이 벌개가지고 허겁지겁 들어온다.

"야. 어디서 벌써 한잔 했나?"

"응. 저기… 전집(동태전, 부추전, 김치전 등등)."

"끝났나?"

"아니. 너도 먹으려면 가. 몇 놈 있어."

"그래?"

"에라~ 그러지 않아도 출출한데 가서 쏘주나 먹자."

'치르르르르르~~~' 시커먼 철판에 아줌마는 빈대떡을 부친다.

누가 그랬지? 비오는 날 빈대떡 부쳐 먹는 모습이 그렇게 처량하다고.

미친 눔. 얼마나 맛있는데.

담벼락에 쳐놓은 차양막에 부딛치는 빗소리가 무척이나 감미롭다.

"기분도 그렇지 않은데… 막걸리나 먹어 볼까?"
"어? 형이 웬일이유? 막걸리를 다 먹게."
"이 놈아. 나도 옛날엔 막걸리 많이 먹었어."

벌컥벌컥 들이키고 김치전을 한 입 베어 무니 시큼고소한 맛이 함께 어우러진다.

아! 맛있어.

한 사발 더 마시니 막걸리가 창자를 휘돌아감는 서늘함이 느껴진다.

'치르르르르르르ㅡ~~~~~~~~~~~~~'
아줌마는 신나게 전을 부친다. 좁아 터진 전집은 어느새 술꾼들로 가득찬다.
고추전을 간장에 찍어 우물우물 씹는다.

"아줌마. 왜 매운고추로 좀 안 만들어?"
"그럼 매워서 어떻게 먹어!!! 깔깔깔…."

그 아줌마 웃음소리 정말 황당하다. 전원주가 울고 가겠다.

아무래도 안 되겠어. 나는 역시 쏘주 체질이야.
쏘주 한잔 마시고 동태전을 먹는다.
아!! 정말 맛있어.

나는 왜 이 동태전이 이리도 맛있을까.
명절날 나물 넣고 이 동태전 넣고 뻘겋게 나물찌개를 끓이면….
삼형제 둘러앉아… 열병도 더먹는다.

비는 주룩주룩 내리고 술꾼들 얼굴은 모두 구질구질하다.

"이 놈들아. 우거지상 짓지 말고 맛있게 먹자. 근데… 너는 왜 전에다가 맥주를 먹냐? 참… 별 이상한 놈 다보겠네."

"형이 쏘주 좋아 하나… 내가 맥주 좋아 하나… 다 자기취향 아니오."

"그래 그래… 니 말이 맞다. 근데… 오토바이 이씨는 요새 왜 안 나오냐?"

"몰라요. 마누라가 집을 나갔대나… 모래나."

"애들이 아직 어리지 않냐?"

"국민학교 다니나 본데… 참… 힘들꺼요."

"후~~~ 그 이씨도 참 열심히 살아 볼라고 하던데… 그 마누라라는 년은 대체 모하는 년이냐?…."

참 피곤한 세상이다.

비를 바라보며… 한잔.
장사 걱정하며 또 한잔.
집나간 마누라 땜에 속썩을 이씨 생각하며 또 한잔.
치질걸린 똥구멍 생각하며 또 한잔.
또 멍하니 비를 바라보며 한잔.
빗소리 들으며… 허망한 인생살이 생각하며 한잔 한잔 또 한잔.

많이 취했었나 보다.
몇개째인지 모를 우산을 또 잃어버렸다.
오늘 아침.
동녀는 또 짱알짱알댄다.

당신이 애들이냐… 나이 생각해서 적당히 마셔라.
^**#$#@#%$&^%&((&)*^&%$#@#%$^*^&

그만해. 세발 그만해.

그러더니 아까 오후에 전화가 왔다.

"오늘 내가 감자탕 사줄게 먹을래? 먹고 싶어."

나는 안다.
이 순간 안 먹는다고 했다가는 내 음주생활에 막대한 지장이 있다.
속이 니글니글해서… 아무것도 못 먹고 있지만 이런 순간을 슬기롭게 대처해야 한다.

"나와!!! 나도 감자탕 먹고 싶었어!!!!!!!!!!!!!!!!!!!!!!!!!!"

술도 제대로 못 먹고 국물만 깨작깨작.
그러든지 말든지 동녀는 우적우적 잘도 먹는다.
쏘주 한병도 거뜬히 비워 낸다.

"맛있어?"
"응."
"많이 먹어."

남들은 밤에만 의무방어전을 하면 되지만….
술꾼은 밤은 물론, 저녁에도 '의무음주방어전'을 해야 한다.
술꾼은… 이래저래 피곤하다.

술꾼 동파

소주를 마시고 도를 깨우치다

친구들과 즐겁게 소주를 마신다.

정말 즐겁고 유쾌하다.

소주병이 쌓인다.

혀가 꼬부라지고 안 해도 될 말을 한다. ㅡ_ㅡ

딱, 한병만 더 먹는다.

그 이후에 일어나는 일은 입력도 안 되고 다음날 출력도 안 된다. ㅡ_ㅡ;

아침에 눈을 뜨면 내 이불 위에 누워 있다.

나는 어떻게 집에 온 것일까?

이 때부터 속이 뒤집어진다. 구역질이 나면서 가슴을, 배를 잡아 뜯어버리고 싶은 충동을 느낀다.

아니 아니… 차라리 죽어버렸으면 좋겠다는 생각도 해 본다. ㅡ_ㅡ;;

하느님.

이제부터 술 안 먹고, 아침에 일찍 일어나고, 가족들과 외식도 자주 하고, 봉사활동도 하고, 어머님께 문안전화도 자주 하고 아주

아주 착한 사람이 되렵니다.

그러니 제발 이 속 좀 어떻게 해주세요. 제발….

내게는 다른 아무런 소원이 없다.

단 하나의 소박한 소망!!

이 뒤틀리고 환장 뒤집어지는 속만 해결되면 이 세상에서 가장 착한 사람이 되련다.

정말이다. ―_―;;;

오후가 되어 조금씩 속이 진정되면 나는 완전히 평정상태에 들어간다.

이 때는 아무런 생각도 느낌도 표정도 없이 멍청하게 앉아 있다.

욕심도, 미움도, 원망도, 기쁨도 없는 천상의 경지 ^^;

보라!

무념무상 해탈의 경지에 도달한 것이다.

누구 해탈해 본 사람 있는가!

나는 가끔 이렇게 해탈한다. ―_―

그러다가 문득, 배가 고프다는 걸 느낀다.

해탈은 거기서 끝난다. ―_―;;

"중국관입니다."

"삼선짬뽕 총알"

허겁지겁 먹는다. 누구는 해장국을 먹는다지만 나는 짬뽕으로 해장한다.

삶은 계란이 지나간다. 두개 먹는다.

김밥이 지나간다. 또 한줄 먹는다.

그렇다.

나는 어느새 살아 있음에 감사하며 동물적 욕구를 충족시킨다.

담배를 핀다.

수입상에 대금결제를 해야 하는데….

전자랜드 그 놈은 오늘도 수금이 안 되려나….

아참 수리맞긴 카메라는 빨리 고쳐야 하는데….

온갖 상념들이 또다시 머리를 헝클어 놓는다. ㅡ_ㅡ

"알았습니다. 내일 정확하게 지불합니다."

"야. 이 개**야! 왜 돈 안 보내!! 엉!!! 으이*팔"

어느새 보통 사람의 하루는 지나간다.

문을 닫는다.

"형님. 운동 끝내고 빨리 오쇼. 순대국집으로…."

"알았어. 임마"

지옥에서 천상으로 다시 또 동물로… 사람으로….

끝없는 윤회의 수레바퀴에서….

나는 매일 매일 해탈한다. ㅡ_ㅡ;;

술꾼 동파

가을… 술꾼의 가을

첫째날.

신촌 '땡땡거리왕소금구이'집에 친구들이 주욱 둘러앉았다.

수백명의 와글거리는 열기에 고기는 절로 익는다.

선선한 바람이 분다.

밝은 불빛 아래 커다란 뚝배기의 된장찌개는 구수하게 끓고 있고

맑은 소주는 가득 채워진다.

어느 한 사람이… 오늘은 술이 안 땡긴다고 말한다.

일년에 소주 먹기 좋은 날이 딱 두번 있답니다.

그… 나른하고 아련한 '봄밤'이 그 하나요…

텅빈 가슴 휑하니 뚫고 가는 서늘한 바람 부는 가을밤이 또 하나랍니다.

오늘 같은 날 한잔 안 하시면 아마 후회하실 겁니다.

그래서 그랬는지… 어쨌는지… 그 분은 기분좋게 드신다.

친구들은 어느새 시간이 정지된 먼 곳으로 날아 간다.

쾌활한 웃음소리가 그들을 뒤따라 온다.

가을.
가을이 진짜 시작되나 보다.
그대 외로운가?
그대 서글픈가?
드시게.
친구와 서늘한 가을바람 맞으며
한잔 드시게.

둘째날.

불경기에 손님이 뚝 떨어진 상가엔 썰렁함만이 감돈다.
점심먹고 나른하여 꼬박꼬박 졸고 있는데 핸폰이 울린다.

♬ 소나무야~ 소나무야….

"여보세요~"
"이사장님."
"엥? 웬일이야? 요새 뭐 맛있는 것 좀 있나?"
"오늘 싱싱한 전어가 들어왔어요."
"그래? 가야지… 암. 암."

모래내 독도집 앞 길가의 대포판에 술꾼들이 둘러앉는다.
한잔 쭈욱 들이키고 잘게 썰어 놓은 전어를 꼭꼭 씹는다.
아! 고소하다.
또 한잔 들이키고 전어를 집는 순간 찬바람이 휑~하니 휘감아 돈다.

맞은편 음악사에서 최헌의 '가을비 우산속'이라는 음악이 흘러 나온다.

그 년은 지금쯤 뭐하고 있을까?
전어를 꼭꼭 씹는다.
쭉 마시고 꼭꼭 씹는다.
지금쯤 허망한 가슴 부여잡고 멍하니 바람에 흔들리는 나뭇가지를 바라보고 있을지도 모를 일이다.

퍼득이는 전어를 소금 살살 뿌리며 젓가락으로 지긋이 누른다.
너는…
네 책임을 다하는 거야.
내가 내 책임에 휘둘려 허우적거리 듯
너도 뜨거운 불 위에서 너의 마지막 의무를 완수하는 거야.

전어구이는 너무도 연하고 고소해서 수족관에 남아 있던 전어를 다 잡아 먹었다.

취한다.
전어에 취하고
가을바람에 취한다.

셋째날.

화장실에 다녀오는데 손사장이 힘없이 걸어 간다.
혼자말로 중얼거린다.

"떠나고 싶다. 아~ 떠나고 싶다."

"어딜 간다고?"

"아… 아뇨. 하도 피곤해서 다 팽개치고 그냥 이 바닥을 떠나고 싶다고요."

"…………."

"이 놈아. 지금 떠나고 싶은 사람이 너 하나인 줄 아냐?"

전화기 권사장이 빙그레 웃으며 다가온다.

"이형. 오늘 어디 가?"

"아뇨. 가 봐야 어디 가서 쏘주나 한잔 하겠죠."

"내가 말이야. 김포에 황태해장국집을 냈는데… 이형이 가서 맛 좀 봐달라고."

"그래요? 언제?"

"한 일주일 됐어."

"그럼 가 봐야지. 오늘 갑시다."

아… 권사장은 이렇게 살 길을 찾는구나.

김포공항 뒤에서 부천으로 가다가 경인고가 바로 밑에 황태집이 아담하고 자리잡고 있다.

황태해장국엔 스물 몇가지를 넣었대나 뭐래나… 국물이 죽인다.

정신없이 먹고 있는데 황태낙지찜이 나온다.

그런데 낙지가 너무 질기다.

"여기 주방장님 좀 잠깐 뵙죠."

"…."

"예."

"낙지를 언제 넣으세요."

"처음부터 같이 넣고 만드는데요."

"아저씨 같으면 이거 드시겠어요?"

겸연쩍게 웃는다.

"다른 재료는 알아서 하시고 삶은 낙지는 마지막 내오기 직전에 비벼 내세요."

"알겠습니다."

황태육수로 만든 냉면이 나온다.

여러가지 수백가지 많이 먹으러 다녔지만 황태냉면은 처음이다.

우와… 국물 죽인다.

담백, 깔끔, 구수… 뭐 여러가지 복합된 맛인데 처음 먹어 보는 맛이다.

맛있다.

"정말 맛있습니다. 이 집 머지않아 손님이 바글바글 끓겠군요."

권사장이 좋아서 싱글벙글이다.

"부디 돈 많이 버시고 다음에 이 술꾼 지나가거든 소주 한병 따라주쇼."

가을바람 조금씩 차진다.

주차장 뒤로 돌아가서 시원하게 오줌을 싼다.

또 하루의 가을밤이 지나간다.

오늘 조사장이 점심에 황태해장국집엘 다녀왔댄다.

"낙지 어떻든가요?"
"보들보들한 게 입에 짝짝 붙던데요."
"그래요?"

넷째날.

동녀는 근 십몇년째 관악산 연주암엘 다닌다.
마침 일요일이라 함께 가기로 했다.
과천 성당 입구부터 차들이 들어차 도대체 차를 댈 곳이 없다.
겨우 길가에 한자리 차지하고 차를 댄다.
가을산엔 단풍보다 인간이 더 많다.

입구에서 600원을 내고 표를 두장 산다.
같은 관악산인데 사당에서 오르면 500원이고 과천에서 오르면 300원이다.
사당 매표원에게 물었다.
아니!! 과천은 300원인데 여긴 왜 500원씩 받아요!!
여긴 서울이잖아요.
….
대체… 무슨 말인지… 쩝.

등산화를 벗어 배낭에 넣는다.
언젠가부터 맨발로 등산을 한다.

처음엔 발바닥이 아파 고생도 했지만
이젠 신발을 신으면 오히려 갑갑하다.

능선길로 오른다.
아직 단풍이 들지 않아 여름의 푸르름이 그냥 살아 있다.

바람은
벌써 가을이 완연함을 알려준다.

연주암 툇마루에 앉아….
따가운 햇살에, 서늘한 바람에
땀을 말린다.

무념무상.
알래스카의 여름이 이랬던가?

오후에 오래간만에 아이들과 함께 삼전동 '오리진흙구이'집엘 갔다.
커다란 뚜껑을 여니 누런 갈색의 오리가 오동통 누워 있다.
직원이 다가와 커다란 가위로 쓱쓱 잘라 낸다.

"인경아. 편의점 얼마 받니."
"시간당 2,800원."
"그놈의 새끼들 왜 그것밖에 안 준대."
"그래도 많은 거야. 어떤데는 2,500원이야."

웬일로 동녀가 술을 안 먹는다.

컵에 그득 따라 반잔을 쭈욱 마시고 오리껍데기를 우물우물 씹는다.

아… 정말 고소하다.

대추, 잣, 은행, 해바라기씨 뭐 등등 잔뜩 들어있는 오리 뱃속의 밥을 먹는다.

수경이가 말한다.

“아빠. 그 뱃살 좀 빼.”

“왜? 내 배가 어때서!”

“정말 큰일이야. 아빠.”

“이게 어떻게해서 찐 뱃살인데… 그걸 빼냐. 난 못빼.”

나머지 반을 마시고 또 한잔 따른다.

동녀가 말한다.

“당신 그거 마시고 집에 가서 드르렁거리고 잘 거지? 그리고는 밤 열 두시에 또 깨서 뭐 안주 없나… 냉장고 뒤지고, 또 마실 거지?”

“응.”

“으이그 - 내가 못살아. 니들 아빠 대체 왜 저러냐.”

간만에 모두 모여 실컷 웃어 본다.

다섯째날.

대팔이가 허겁지겁 뛰어온다.

"뭔 일 있냐?"

"형. 양재동에 '짚불구이꼼장어'가 새로 생겼어."

"그래? 가봐야지. 암… 암."

저녁에 술꾼들은 택시를 타고 물어물어 찾아 갔다.

헌데… 짚불연기가 보이지 않는다.

"꼼장어 짚불에 굽지 않나요?"

"예… 며칠 간은 짚불에 구웠는데… 짚이 워낙 많이 들어서…."

"가자. 우리는 숯불에 구운 꼼장어를 먹으러 여기까지 온 게 아니야. 대팔아. 여기 다른데 뭐 없냐?"

"형. 저기 순대국 진짜 잘하는데 있는데 거기 갑시다."

양재동 삼호물산 근처 일동제약 사거리 직전에 '한국순대국' 이라는 집이 있다.

지하에서 직접 순대를 만들고 1, 2층엔 손님을 받는다.

죽인다.

남대문 찌린내골목 순대국을 훨씬 능가하는 진정한 맛이다.

이렇게 고소하고 감칠맛 나는 순대는 처음 먹어 본다.

뽀얗고 진한 국물에 소주가 절로 넘어 간다.

"형. 천천히 먹어. 아까는 완전히 똥밟은 얼굴이더만… 이젠 행복해서 죽을라그러네?"

"야. 아까 짚불 있었으면 이 천하일미 순대국 못 먹을 뻔 했다."

"애들아. 중간건배!!!!!!!!!!!!!!!!!!!!!!!!!!!"

술꾼은 가끔 가다 이런 진정한 맛을 만나면 행복하다.
동녀가 순대국을 아주 좋아하는데
내일은 꼭 데려와 함께 먹어야겠다.

소주를 마신다.

가을바람 맞으며 소주를 마신다.

길거리 탁자에 앉아

진정한 순대국을 먹으며

소주를 마신다.

이제 얼마 지나면 가을 바람은 끝난다.

2004 가을은 영원히 끝난다.

마시자.

함께 마시자.

그대

2004 그 가을이 끝나더라도 너무 서러워 말자.

그 가을의 끝엔 2004 겨울이 찾아온다.

과메기의 계절.

겨울이 찾아 온다.

여섯째날.

구질구질 가을비가 내린다.

그러지 않아도 불경기인 상가가 더욱 손님이 없다.

또 ㅡ_ㅡ 전화가 온다.

풍미옥 아줌마.

"사장님. 오늘 싱싱한 홍어가 들어왔는디…."
"싱싱하면 뭐해~~!! 장사가 되야지!"
"싸게 끝내고 오시쇼."
"알았어."

마침 친구들이 찾아 오는 날이다.
가느다란 빗방울을 맞으며 북창동 뒷골목으로 스며든다.

생태찌개를 끓이고… 삼합을 시킨다.
아줌마가 '애'를 내온다.
싱싱한 홍어에서 바로 꺼낸 홍어의 애(간)는 단골 중의 단골 아니면 주지 않는다.
한잔 꿀꺽하고 연한 분홍의 흐물흐물한 애를 집어 입에 넣으면 녹는다.

스르르 녹는다.
고소하다.
정말 고소하다.

눈을 감는다.
어느새 나는 4호선을 타고 오이도로 향한다.
오이도 그 끝자락엔 475가족인 에코님의 '약전홍어' 가 있다.
삼합이 나온다.

삼합.

오래 묵어 쿰쿰한 냄새나는 김치를 깐다.
푹 삭은 홍어를 얹고
잘 삶아 썰어 놓은 잘… 생긴 삼겹살을 덮는다.
작은 마늘을 하나 살짝 얹어 오른손으로 잡고
왼손으로 소주를 탁! 털어 넣는다.

그리고는 삼합을……
그 삼합을 부드럽게 오물오물 씹는다.
적당히 섞이면… 와작와작 꽉꽉 씹는다.

아!

묵은 김치와 삭은 홍어와 쫄깃한 삼겹에서 '즙'이 나온다.

그리고는 어우러진다.

환상의 춤사위는 그렇게 시작된다.
그 옛날
남쪽의 그 어느 현인이 이런 환상을 만들었나.
당신은 진정 사람이 아니오이다.

그대,
외로운가?

그대,
허전한가?

4호선을 타시게.
그 끝자락 오이도 약전홍어에 가시면
삼합이 기다린다네.
한술 뜨면 가슴이 녹아 내리는
'애탕'이 반긴다네.

술 한잔에 삼합 한점
술 한잔에 애탕 한술이면
삶이 그리 외롭지 않다는 걸 그대도 느낄걸세.

일곱째날.

기노가 빙그레 웃으며 다가온다.

"형님. 쩌어기~ 노바다야끼집이 새로 개업했네요?"
"아주 깔끔해 보이던데?"
"그래? 어디냐?"

…………….

…………….

……….

….

475가족들 : 고마해라. 마이 처묵었다 아이가.
동파 : 예. -_-;;

술꾼 동파

이유같지 않은 이유 ㅡ_ㅡ;;

나는 일년에 한번씩 다이어트를 시작한다.

이유는….

똑바로 서서 내려다 볼 때… 그것은 못볼지언정… 발가락은 봐야 한다는 절박한ㅡ_ㅡ;; 심정이기 때문이다.

실천강령은… 무지… 간단하다.

"하루 세끼만 먹자"

대단하지 않은가? 이… 얼마나 쉬운 일인가.

하지만, 그 간단한 일이 그렇게 쉽지만은 않다.

아침은 간단하게 2/3공기와 국을 먹는다.

점심이 되면 밥 한공기와 찌개류를 먹는다.

3~4시가 되면… 문제는 지금부터다.

점심먹고 쭉~ 굶었으니…

서너시가 되면 얼마나 배가 고프겠나.

그 피말리는 고통을 아는가.

배가 고프면 괜시리 담배를 더 피우게 되고… 모든 일에 예민해 진다.

갈등. 갈등….

나는 하루 세끼만 먹기로 굳게 결심하지 않았는가?

참자. 참자. 참아야 하느니라.

갈등. 갈등….

이 때, 나는 잠시 상황을 정리해 본다.

이렇게 예민한 상태에서 불친절하게 손님을 맞이 하느냐….

아니면 라면이나 짜장면을 먹고 푸근한 마음으로 즐겁게 손님을 대하느냐….

결론은 자명하다.

'손님은 왕이다'

푸근한 마음으로 손님을 대해야 한다. ㅡ_ㅡ;;

나는 결연한 의지로 전화를 든다.

"171호. 짜장 하나!! 양… 많이" -_-;;;;

나는 비로소 마음의 안정을 찾으며… 표정이 온화해진다. ^^

이 모든 것은… 오로지 손님을 위한 어쩔 수 없는 일이다.

믿어 달라.

술을 먹는 것도 또 그렇다.

얼마 전에 정주영이 세상을 떠났다.

그 날.

동파 : 야! 너 다녀왔냐?

창권 : 예? 어디여?

동파 : 하~ 이 자식! 정회장이 돌아가셨다는 얘기 못 들었어?

창권 : (이제야 무슨 말인지 알았다는 듯) 참… 제가 가봤어야 하는데… 이거… 사람 구실 제대로 못 하고 사네여. 쩝.

동파 : 그래… 너도 바빴겠지. 우리가 멀리서나마… 고인을 추모해야겠지?

창권 : 그렇죠!! 형님. 오늘… 동태집 갈까요?

동파 : (심각하게) 음… 그러자꾸나.

광복절엔… 압제에서 해방된 그 환희를 되새겨 보고자 순대국집엘 갔다.

육이오 때는 민족상잔의 처참함에 치를 떨며… 막걸리집엘 갔다.

박세리가 LPGA 우승한 날… 너무도 기쁜 나머지… 해물로스집엘 갔다.

교과서 왜곡사건으로 시끄럽던 그날… 우리는 횟집엘 갔다. 거기서 우리는 그 하얗고 쫄깃한 회를 쪽바리 씹듯… 아작아작 씹었다. –_–;;

홍수가 지면… 마른 안주를 시켰고, 가뭄이 들면… 거품 흘러 넘치는 생맥주 5천을 먹었다. –_–

담배가게 할머니.

고딩 손자님과 둘이서 산다.

할머니… 담배 팔아 학비 번다.

나는 담배를 보루로 산다. 열심히 피워 댄다. 하루 두갑–_–

내 한몸 희생함으로써… 고딩 손자는 학교에 다니며 열심히 공부한다.

나는 매일 소주를 먹는다. (것두… 자랑이냐? ㅡ_ㅡ;;;;;)
소주공장 직원들… 노모를 모시며 열심히 산다.
전세 살다… 돈 모아서 작으나마 집도 산다.
결혼해서 아기도 낳고… 그 아이 우유값도 대야 한다.
과연… 누가 그 아기의 우유값을 댈 것인가!!!
비록… 작으나마… 나는 그 우유값의 일부를 부담한다.
방글거리며 웃는 아기의 얼굴을 떠올리며….
나는… 술을 마신다.

'알아 주는 이… 없어도… 나… 그렇게… 희생하며 산다' ^^;;

술꾼동파

청계산

토요일 오후.

시장의 후배가 개업식을 했다.

"형. 안주를 뭘로 준비할까요?"

"너… 돼지머리 눌린 거 그런 거 하지 마라. 그거 정말 맛대가리 없다. 기껏 손님 불러 놓고 맛없는 것 하면 욕먹어 임마."

"그럼 뭘 하죠?"

"얀마… 돼지고기 갈빗살로 삶아… 한 사오십근… 그리고 김치도 잘 익은 걸로. 알았어?"

"예. 형님이 하란 대로 할게요"

그날 삶아 온 돼지고기는 너무나 연하고… 부드럽고… 또 고소하더군요.

비계가 붙어 있는 그 부들부들한 놈을 하나 척 골라 새우젓과 잘 익은 김치를 소주 한잔 탁 털고 씹는 그 맛이란….

"돼지는 축복의 동물이다. 특히 갈빗살 삶은 것은!"

'동파어록'에 그렇게 나와 있답니다. ^^;

어쨌든 소주 한잔 돼지 한점 또 한잔 이번엔 두점… 이런 식으로 그 빠방한 배가 더욱 빵빵해졌죠.

"자! 여러분… 중간건배!!!!!"

수십 번의 중간건배로 동파는 마침내 @.@ 이렇게 되었답니다.

일요일 아침.

일주일에 한번 이상은 삐지는 동녀가 또 아침부터 부어 있군요.

동파: 왜… 그래?

동녀: …….(아무 말없이 얼굴만 싸늘하다.)

동파: 내가 술 많이 먹고 와서 그래? 그거 하루이틀 먹는 거 아니잖아?

동녀: 사람이 아프다는데… 술먹고 와서 코나 드릉드릉 골고…. --+

동파: 아하! 그랬어? 내가 술이 좀 과했나 보지? 우리 병원 가자.

동녀: 일요일에 무슨 병원이 해욧!!

동파: 그럼 어쩐다… 가까운 청계산에 갈까? 당신 아프니까 그냥 조금만 올라갔다가 바람이나 쐬고 내려와서 '해장국'이나 먹자.('해장국'은 그냥 나온 말이 아니라 치밀한 계산에 의한 말입니다. 청계산 입구 조금 올라가다가 우측에 있는 해장국집의 그건… 정말 시원하고 맛이 있어서… 아내가 그 해장국이라면 깜빡 넘어갑니다.)

동녀: (마지 못해 하며) 아라떠….(우 홧홧홧! 성공이다. 아내는 금방 세수를 하고 간단한 화장을 하더군요. 그 정도로 맛이 있습니다. 여러분도 청계산에 가시면 꼭 그 집에 들려 보세요. 아! 물론 동파와 같이 가신다면 얼마든지 제가 사 드리지요. 한 그릇에 사천원이랍니다.)

여전히 사람은 많다.

차를 댈 데가 마땅치 않아 조금 걷지만 멀리 떨어진 곳에 주차를 했다.

입구에서부터 우측으로 시장판이 열린다.

배추, 상추, 미나리 등등의 싱싱한 야채들… 또 여러가지 잡곡류… 고추절인 것, 된장, 고추장, 청국장까지….

여기가 시장인지… 등산로 입구인지… 아마도 조만간 '청계시장'이라는 간판이 생길지도….

麻(마)를 갈아서 한잔씩 파는 사람도 있었다.

오옷! 저건 정력제라던데…

아저씨 한잔 주세요.

미끌미끌하고 걸쭉한 우유빛 나는 마를 한잔 쭉 마셨다.

갑자기 힘이 '불끈' 솟는다(사… 사실은 아무 변화가 없었답니다. 그냥 문맥상.^^;).

김밥, 붕어빵, 뻥튀기기계에서 튀긴 군밤, 김밥, 떡볶이, 그리고 오뎅.

여기서 잠깐 오뎅이 나오니 그냥 지나칠 수가 없군요.

"아줌마. 한 개에 엄마에요?"

아줌마가 어디서 그런 유치한 유머를 쓰느냐는 듯이… 혀를 끌끌차며 오백원이라 하더군요.

우리 동네 대모산 입구에서는 사백원인데… 이거 남의 동네라 바가지를 써도 꾹 참고 먹는 수밖에 없었답니다.

핫도그같이 둥그런 오뎅은 맛이 없습니다. '넓적이'라 불리는 손수건을 접어 놓은 것같은 오뎅이 훨 맛있답니다. 물론 개인적 취향이지

만….
세개째 먹고 네개째를 집으려는 순간, 동녀가 내 손을 탁 치더군요.
있다가 해장국은 어떻게 먹을 거냐구…. ㅡ_ㅡ
눈물을 머금고 오뎅트럭과 안녕을 고했습니다.

우리 다음엔 아무런 속박도 구속도 없는 자유스런 세상에서 다시 만나자….
오뎅아 잘 있거라.
'타는 목마름으로 그 날을 기다리자'

애끓는 이별을 고한 뒤 산을 올랐습니다.

청계산은 다른 산과는 달리 돌(바위들… 혹은 화강암 덩어리)가 아주 적습니다. 산길 거의가 다 흙으로 되어 있습니다. 관절에 무리가 있는 분들은 북한, 도봉보다는 청계산을 권합니다. 정상인 매봉까지는 한 시간에서 한 시간 반 정도 걸리고… 경마장이 바로 내려다 보이는 옥녀봉까지는 한 시간이면 남습니다. 길이 어찌나 부드러운지… 꼭 이불 위를 걷는 것 같은 느낌이 든답니다. 등산 초보자들에게 적극 권장하고 싶은 산입니다.

그리고 한가지 상식.
옥녀봉에는 옥녀가 살지 않는답니다. ^^;
옥녀봉에 앉아….

옥 : 옥녀야! 내가 왔다. 어서 나오렴.

녀 : 녀석… 부끄러워 하긴… 버선발로 뛰어 나오렴.

봉 : 봉긋 솟아 오른 네 가슴을 보니… 내 가슴이 벌렁인다. -_-;

이런 쓸데없는 시 한수를 짓고 있는데….(삼행시를 너무 짓다 보니 ^^;)

"여봇! 뭐해요? 커피 꺼내라니까! --+"

옥녀는 간데없고 동녀가 또 짜증을 내는군요.

옥녀야, 우리 이승에서 못다한 인연… 내생에서 엮어 보자꾸나.

보온병에 담아 온 원두커피를 정상에 앉아 한 모금 마시니 입안 가득히 커피향이 퍼진다.

저 아래 내려다 보이는 경마장은 경주를 시작하지 않았는지 텅 빈 채로 쓸쓸히 비어 있다.
한 순간의 열기와 곧 찾아 오는 고요함.
묘한 인생의 변화를 느낀다.

햇살은 따스하고 바람은 서늘하고 오색단풍이 시작되려는지 여기저기 울긋불긋.
이제 머지않아 너희들도 곧 지겠지.
바람이 너무도 서늘하다.
커피향은 아늑하고… 사랑하는 아내가 옆에 함께하니

내… 더 이상 무엇이 부러우리요.

잠시 쉬었다가 내려오니 다시 아까의 입구까지 40분 정도가 걸렸다.
사람들은 여전히 많다.
내려가는 사람들… 올라오는 넘들….

"해장국 두 개, 진로 하나."
"예."
"음식을 나르는 아줌마는 똥오줌 못가린다."

사람이 너무 많다.
묵직한 뚝배기를 받아 들고 숟가락으로 한번 뒤집어 본다.
두부같이 썰어 놓은 선지… 그릇 가득한 우거지… 간간이 보이는 기름이 붙은 고기덩어리….
한 개. 두 개. 세 개…
애개~ 겨우 세 개네?
그게 안쓰러웠던지… 동녀가 자기 그릇의 고깃점을 내게 떠 준다.
우히힛… 작전 성공.
아내의 모성애를 자극하여 고기(꽤 컸답니다) 두 점을 얻는 데 성공.
소주를 물컵에 가득 따라 쭉~ 마시고는 고기와 선지를 우걱우걱 먹었답니다.
어제의 삶은 돼지고기는 비할 바가 아닙니다.
어찌도 그리 맛있는지….(어제 '동파어록'을 들먹이며 돼지가 축

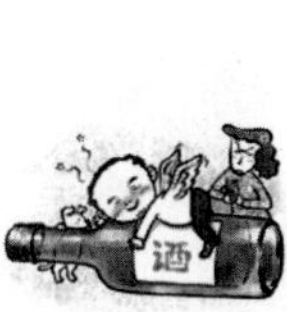

복… 어쩌구 저쩌구 한 건 다 뭐란 말입니까? 핫핫… 어제는 어제의 태양이 뜨고… 오늘은 오늘의 태양이 뜬답니다. 어찌 그렇게 심오한 진리를 모르십니까? ^^;)

부른 배를 두드리며 차를 몰아 집으로 왔습니다.
무… 물론 운전은 아내가 했습니다.
동파는 의자를 뒤로 완존히 제끼고는 예의 그 '코'를 드르륵드르륵 골며 피곤함을 잠시 달랬습니다.
깨어보니 집앞이더군요.
청계산은 좋은 산입니다.
같이 한 번 가보실래요?

술꾼 동파

3 | 술꾼의 페이소스

| 명시감상 – '술 마시는 밤'
| 취한 술꾼의 노래
| 그 어느날 저녁
| 생일파티
| 어머니
| 우울한 술자리
| 비
| 나의 음악상자

명시감상 — '술 마시는 밤'

술 마시는 밤

동파

계절이 지나가는 선술집에는
술꾼들로 가득 차 있습니다.
나는 아무 생각 없이
뱃속으로 들어가는 소주 — 병을
이제 다 못 헤는 것은
벌써 취한 까닭이오.
내일 밤에도 또 마셔야 하는 까닭이오,
아직 마셔야 할 날이 창창이 남아 있는 까닭입니다.

쏘주 한잔에 동태찌개와
쏘주 한잔에 순대국과
쏘주 한잔에 감자탕과
쏘주 한잔에 낚지볶음과
쏘주 한잔에 생선구이와
쏘주 한잔에 아버지, 아버지.

아버지, 나는 쏘주 한잔에 맛있는 안주 한가지씩 불러
봅니다. 고딩 때 술잔을 같이 했던 친구들의 이름과
영욱, 현일, 건 이런 쌩양아치(生羊我治)들의 이름과
벌써 간경화로 오락가락하는 친구의 이름과,
알콜중독으로 입원한 넘의 이름과, 삼겹살, 배바지, 만년필
(개의 고추－_－)
〈제주도똥흑돼지〉〈고등어회,갈치회〉 이런 안주를
생각헤 봅니다.

이것들은 그리 멀리 있지 않습니다.
단지 돈이 없을 뿐입니다.

아버지,
그리고 당신은 벌써 술 때문에 돌아가셨습니다.

나는 오늘도 쏘주에 꼭지가 돌아
이 많은 술집 늘어선 찌린내나는 골목길에서
오줌빨로 내 이름을 써보고,
그리고 남은 오줌으로 다 지워버렸습니다.

골목 안에서 오바이트하는 내 친구는
대체 자기가 무슨 안주를 먹었는지 궁금한 까닭입니다.

그러나 이 밤이 지나고 내일 저녁이 돌아오면
푸세식변소에 구데기 기어오르듯이
내 이름자 지운 찌린내골목에도
자랑스레 술꾼들이 어기적 어기적 나타날 게외다.

윤…모라는 시인이 "별 헤는 밤" 이라는 시를 쓴 적이 있다. 그 詩가 동파의 '술 마시는 밤'과 너무도 비슷하여 옮겨 본다.^^;

별 헤는 밤

윤동주

계절(季節)이 지나가는 하늘에는
가을로 가득 차 있습니다.

나는 아무 걱정도 없이
가을 속에 하나 둘 새겨지는 별을
이제 다 못 헤는 것은
쉬이 아침이 오는 까닭이오.
내일 밤이 남은 까닭이오,

아직 나의 청춘이 다하지 않은 까닭입니다.

별 하나에 추억과
별 하나에 사랑과
별 하나에 쓸쓸함과
별 하나에 동경(憧憬)과
별 하나에 시(詩)와
별 하나에 어머니, 어머니,

어머님, 나는 별 하나에 아름다운 말 한 마디씩 불러
봅니다. 소학교때 책상을 같이 했던 아이들의 이름과
패(佩), 경(鏡), 옥(玉) 이런 이국 소녀(異國少女)들의
이름과, 벌써 애기 어머니 된 계집애들의 이름과, 가난한
이웃 사라들의 이름과, 비둘기, 강아지, 토끼, 노새, 노루,
〈프란시스 잠〉 〈라이너 마리아 릴케〉 이런 시인의 이름을
불러 봅니다.

이네들은 너무나 멀리 있습니다.
별이 아슬히 멀듯이,

어머님,
그리고 당신은 멀리 북간도(北間島)에 계십니다.

나는 무엇인지 그리워
이 많은 별빛이 내린 언덕 위에
내 이름자를 써 보고,
흙으로 덮어 버리었습니다.

따는 밤을 새워 우는 벌레는
부끄러운 이름을 슬퍼하는 까닭입니다.

그러나 겨울이 지나고 나의 별에도 봄이 오면
무덤 위에 파란 잔디가 피어나듯이
내 이름자 묻힌 언덕 위에도
자랑처럼 풀이 무성할 게외다.

취한 술꾼의 노래

산악반 후배 차성욱이라는 놈이 혼자서 백두대간을 종주하고 있습니다.

약 40일 간 지리산부터 저 설악의 끝자락까지….

♬ 아버지는 나귀타고 장에 가시고…
할머니는 건너마을 아저씨 댁에
고추먹고 맴맴… 달래먹고 맴맴…….

시장 친구들과 감자탕에 두어병 쏘주를 마시고 집으로 오는
택시 안에서 나도 모르게 이 노래를 흥얼거렸다.
고추먹고 맴맴… 맴맴… 하다 말고

나도 모르게 눈물이 고인다.

집으로 돌아와 성욱이의 백두대간 산행일지를 읽는다.

명택이와 호철이는 인수봉으로 올라가고…
취한 술꾼은… 그저 부러운 마음으로 한숨을 쉰다.

아버지는 나귀타고 장에 가시고…
할머니는 건너마을 아저씨 댁에…

그저 술꾼은 하릴없이…
쏘주먹고 맴맴… 담배먹고 맴맴…….

가고 싶다.

지금이라도 당장 진성이형, 기호형, 신원이, 경준이, 도수형이 있는 산장 밑 텐트로 달려가고 싶다.

훌훌~ 털어버리고 성욱이와 장대비를 맞으며 봉우리를 넘고 싶다.
쌩라면에 김치를 씹고 싶다.
바람에 스치는 나뭇잎소리를 듣고 싶고
구수한 낙엽타는 냄새를 맡으며 밤하늘의 별을 바라보고 싶다.

고추먹고 맴맴~ 달래먹고 맴맴…

대체 몇푼이나 번다고 답답한 가게에 앉아 일주일을 꼬박 아득바득 생지랄을 떠는지…

동녀는 말한다.

'당신… 시장 오래 있더니… 성격이 변했어. 그렇게 느긋하던 사람이 너무 변했어. 화도 잘 내고… 소리도 지르고….'

아니야.
난 변하지 않았어.
난 그대로야. 그대로란 말이야!!!!!!!!!!!!!!!!!!!!!!

성욱아.
힘내라는 말, 정말 너는 대단하다는 말… 하지 않는다.
이제는 네 스스로 느꼈을꺼야.
산이라는 것.
사람이라는 것.
말로 표현되지 않는 그 어떤 깨달음.

짜식.
다음에 빙그레 웃으며 쏘주한잔 따라 주마.

할머니는 건너마을 아저씨댁에…

그렇게 무심하게 세월은 간다.
그렇게 또 술병은 비워져만 간다.

♬ 고추먹고 맴맴… 달래먹고 맴맴…

그 어느날 저녁

"야… 이거 상가가 왜 이리 조용하냐."

"이거… 전부 장사꾼들만 있지 손님이 하나도 없네요."

"큰일이다. 전화도 뜸하고…."

"야이 개새꺄! 한달이 다 되 가는데 너도 양심이 있으면 이삼백이든 사오백이든 입금해야 되는 거 아니야?"

"죄송합니다. 요새 밥값도 못하고 있습니다."

"그놈 요새 장사를 하긴 하는 거야? 전화도 안 받고…."

"천몇백인가 이천인가… 어떤 놈한테 받으러 다닌다고 늦게 나오던데요…."

"으이구~ 씨발 하나같이…."

잘 나가던 거래처는 물론이고 거래처란 거래처가 하나같이 속을 썩인다.

신문의 어떤 놈이 말한 것처럼 우리나라도 장기불황에 빠지는 건가.

하루가 끝난다.

이랬든, 저랬든 오늘하루 땡~!

술꾼은 한잔 하러 가야지.

♬ 짜라란~ 짜라라라라라라~~짠~~(토카타 & 후가 ㅡ_ㅡ;;)

"여보세요."

"여보~ㅇ(동녀의 혓바닥은 이미 꼬였다) 오늘, 나랑 한잔하면 안돼?"

(註 : 물론, 한달에 두세번 아내 동녀와 외식겸 한잔씩은 하고 있다. 우와~ 착한 남편 ^^;)

그 순간!!!

이미 혓바닥이 꼬인 동녀의… 술 한잔 하자는 소리를 듣는

그 순간!!!

알 수 없는 분노가 치밀어 올랐다.

이런 씨팔놈의 마누라가… 남편은 죽자사자 일하느라 피가 마르는 하루를 보내는데 오후부터 나가서 술이나 처먹고….

그래. 가서 보자.
택시를 잡아 타고 '일원동 갑시다!'

택시를 타고 가는 중에도 뭔지 모를 분노와 화가 치밀었다.
그건 꼭… 동녀에 대한 화만은 아니었다.
일원동 먹자골목 앞에서 내렸다.
그 자리에 있다고 했던 동녀가 없다.
전화를 한다.
어느 술집에 있었는지는 모르겠지만….
저 멀리서 어적어적 기어 오는 동녀가 보인다.

비틀비틀.

화가 머리끝까지 오른다. 이런 ^&@#$$$$$$#^ㄲㅆ^%@#$%&.

그.

바로 그 때.

그 순간!!!

다가오는 동녀를… 술이 취해 눈이 풀어지고
비틀비틀 다가오는 내 마누라 동녀를 봤다.

그 예쁘고 단순명랑하고 순진무구하던 그 여자는 어디 가고,
조금은 늙고,
피곤하고,
취하고,
서글픈 듯한,
어떤 중년 여인이 비틀비틀 걸어 오고 있었다.

그 때,
갑자기 울컥~ 하는 가슴의 느낌이 요동친다.
누구는 짠~~ 하다고 하던가?

땡랑 불알 두쪽인 놈에게 덜컥~ 임신해서 시집온 여자.
철없는 남편. 젊은 나이에 사업한다고 설치다가 홀랑 말아먹고.

경기도 시흥군 내손면 포일리 331번지 물도 안 나오는 18평 연립주택에서 어린 두딸 끌어안고 한없이 울던 여자.

애새끼들 대학보내야 된다고…….
5~6년 간 새벽밥 해야 된다고 저녁 8시면 자빠져 자던 그 여자.

다 키워 대학 졸업시켜 놓으니
공부한다고 중국으로 떠난 새끼들에게 밤마다 전화하는 여자.

365일 술 처먹고 들어오는 남편같지 않은 놈에게
그래도 서방이라고 술안주 준비해 놓는 그 여자.

그 여자가
저 앞에 비틀비틀 외로운 듯… 쓸쓸한 듯…
걸어 오다가
나를 보더니
힘없이 씨익~ 웃는다.
택시 안에서의 그 분노는 다… 어디가고….
알 수 없는 연민과 안쓰러움.
정리되지 않는… 서글픔.

아… 씨팔.
동녀가… 술을 많이 먹지 않았다면…
밤새도록 함께 소주를 퍼 마셨겠지만,
그 날은 그냥 조용히 동녀를 데리고 집으로 왔다.
그 날 저녁은
몇년 만에… 처음으로 술 한잔 입에 대지 않고
담배만 뻑뻑 피다가
자빠져 잤다.

술꾼
동파

생일파티

며칠전 인경이가 말했다.

"아빠. 내 생일날 돼지갈비 먹고 싶어."

"그래. 먹자. 수경아. 너 화요일날 일찍 와야 해. 알았지?"

11월 27일. 인경이 생일.

유난히도 제 언니에 비해서 순하게 자랐던 인경이는 갓난아기부터 별 탈없이 무럭무럭 잘 자랐다.

순둥이.

잠도 잘 자고 먹기도 잘 먹고… 그렇게 무럭무럭 자라던 인경이는 초등학교 4학년인가? 5학년때 홍역을 앓았는데…….

너무 심해서 강남성심병원 응급실로 실려갔었다.

혼수상태.

그때, 의사가 말하더군.

"마음의 준비를 하십시오."

…….

우리 인경이가 죽을 수도 있다니…….

아니야. 아니야. 그럴 수는 없어.

중환자실에 일주일인가 누워 있었다.

그때,

나는 울기도 많이 울었고 괜시리 엉뚱한 곳에 화풀이도 많이 했었다.

그러나, 다행히도 아무런 탈없이 건강하게 퇴원을 했다.

그러면 그렇지.

우리 가족은 예전의 평화로운 생활로 돌아갔다.

그리고 이삼년이 흘렀을까?

내가 한잔하고 저녁에 티비를 보고 있노라면 인경이는 자꾸 화장실을 들락거렸다. 이삼십분에 한번씩 자꾸 화장실을 왔다갔다하는 인경이를 바라보며… 나는 야단을 쳤다.

"이 자식!!! 공부하기 싫으면 그냥 자!!!!!!!!!!!!!!!!"

(지금 생각하면 피눈물을 흘리며 내 혀를 깨물고 싶다. 바보아빠)

인경이는 화를 내는 아빠를 피해서 이빨을 닦는 척… 양말을 빠는 척… 하며… 화장실에 가서 오줌을 눴다.

그리고,

통통하게 살이 쪄서 42~3키로 나가던 인경이는 37키로인가? 정도로 살이 비쩍 말라갔다.

어느날,

동녀는 말했다.

"여보. 인경이가 너무 살이 빠져요."

“그래? 그럼 병원에 가봐.”

그리고 며칠 후, 동녀는 퉁퉁부은 눈으로 내게 말했다.

“여보… 인경이가 당뇨병이래.”
(그러면서 울고는 더이상 말을 잇지 못했다).

홍역의 고열로 인하여 바이러스가 췌장으로 들어가 인슈린을 생성하는 베타세포가 2~3년 간 서서히 그리고 완전히 파괴됐다.

우리는 아무도 그걸 모르고 있었다.

어른당뇨는 적당한 운동, 또는 약을 먹으며 조절하면 되지만….

소아당뇨는 췌장의 인슈린생성세포가 완전히 파괴되어 매일매일 인슈린 주사를 맞지 않으면 더이상 삶을 살아 갈 수가 없다.

“우와~ 아빠. 정말 맛있다.”
“야!! 너! 아빠가 찜한 거… 니가 먹으면 안 되지~”
“엥? 그거 아빠꺼였어? 미안해.^^”

지글지글 익어 가는 돼지갈비를 서로 먼저 먹겠다고 젓가락싸움을 하는 모습을 바라보며 동녀는 빙그레 웃고 있었다.

어린 인경이는 매일 매일… 혼자 혈당검사를 하며 인슈린주사를 맞았다.

아침저녁으로 하루 두번 주사를 맞는 일은… 너무도 힘든 일이지만 인경이는 스스로 잘 이겨 나갔다.

너무 잘하고 있어서 심지어는 인경이가 당뇨병환자인지도 모르고 지낼 때가 많다.

"아빠가 선물 샀어."

"뭔데?"

"네가 풀러 봐."

"와~ 이거 신형인가 봐."

"그래."

오늘, 이제 내년이면 고3이 되는 인경이의 생일선물로 '신형혈당측정기'를 샀다.

대체… 무슨 생일선물이 이따위란 말인가. ㅠ.ㅜ

그래도 좋아하는 인경이를 바라보며 나는 소주 한잔을 쭈욱 들이켰다.

"아빠. 나는 화학이나 생명공학 쪽으로 갈래."

"그래. 그래. 무슨 쪽이든 네가 가고 싶은 곳으로 가. 아빠는 네가 뭘하든… 무슨 일을 하든 네 편이야. 알지?"

"응."

우리가족은 오래간만에 넷이 모여 인경이의 생일파티를 했다.

돼지갈비를 먹고 나와서 베스킨라빈슨가? 에서 아이스크림케익을 샀다.

그리고 집에 와서 축하노래를 하고….

그 케익을 실컷 먹었다.

그리고,

신형혈당측정기로 인경이의 혈당을 쟀다.

395.

(정상인은 공복에 80~120, 식후에도 200을 넘어서는 안 된다)

그렇게 2001년의 인경이 생일파티는 끝이 났다.

술꾼 동파

어머니

오늘 전화가 왔다.
귀가 어두우신 어머니…….
손녀딸 대학입학을 기원하신다고 '접수번호'를 알려 달라신다.
자식들 걱정을 지나… 이젠 손주들 걱정을 하고 계신다.

어머니.
술 좋아하고 방랑벽이 있으셨던 아버지와 평생을 합쳐 봐야
함께 사셨던 날이 4년을 넘지 않으셨다.

아버지는 함경도에서 첫째아들을 낳고는 어디론가 떠나셨다.
오년 만에 아들 하나 업고서 물어물어 강원도 어디로 찾아 가셨단다.

거기서 몇달 후 아버지는 경기도 어디론가 떠나고,
둘째아들이 태어났다.
사년 만에 수소문하여 두 아들을 데리고 다시 아버지를 만났단다.
또 몇달…
지금은 세상사람이 아닌 딸을 하나 심어 놓고 아버지는 또 서울로 내뺐단다.

삼년 후…

어머니는 아들 둘과 딸 하나를 데리고 서울의 어느 판자집에서 또 아버지와 만났단다.

거기서 동파는 태어났다.

그리고 미처 첫돌도 되지 않은 그 어느날,

아버지는 세상을 뜨셨단다.

……………

…………

후~ 대체 뭘 어쩌자는 건지.

………

어머니는 동파를 들쳐 업고

사과장사, 멸치장사, 강냉이장사… 또 뭐더라?

안 해 본 장사가 없다고 하셨다.

불쌍한 우리 엄마!!!

형들은 국민학교도 겨우 졸업을 했대나 못했대나…

쌀가게 점원으로… 철공소 공돌이로 집을 떠나 가고…

………

수제비, 수제비, 수제비……

씨팔놈의 수제비.

초딩 1때의 일기장엔 이런 글이 있다(註: 동파의 초딩 1때의 맞춤법실력, 우하하하 대단하지 않은가!).

9/7 어머니가 오원을 주어서 이원만 까먹으라고 했는데 다 사먹어서

매를 맞았다.

9/14 학교에서 청소를 했는데 유리를 깼드려서 선생님이 120원을 가지고 오게해서 파했다.

저녁에 어머니가 울면서 어버주었다.

9/21 난 수제비가 싫다.

우연히 내 아이들이 낡은 일기장을 찾아 내어 킥킥거리며 보고 있을 때,

난 그걸 보고 슬그머니 밖으로 나가 눈물을 흘렸다.

내게 어린시절은…

도대체 추억이란…

구질구질한 거지 생활밖엔 없었지.

이사를 한 서른번쯤 했을까?

어렸을 적… 난 서울 변두리란 변두리는 안 살아 본 곳이 없었지.

그래서 난 지금 그렇게도 맛있는 것에 집착하는 걸까?

그래서 술 담배를 일찍 배웠던 것일까?

내가 그럴진대

우리 엄마는 어땠을까?

………

이제 자식까지 있는 나는 어머니께 잘 해드리고 있나?

가끔 찾아 뵙고 용돈 얼마 드리는 걸로 다 했다고 생각하는 걸까?

불효자식.

언젠가는 통곡하며 또 한번 울 것 같다.

술꾼 동파

우울한 술자리

오늘 브라질에서 사업하는 친구가 왔다.
6년 만인가?

반갑긴 했지만 늘… 친한 친구이기에
늘 마음 속에 있었던 친구이기에 환장하도록 반갑지는 않았다.
그냥 반갑게 만났다.

13살 아들을 데리고 왔는데… 자폐이면서 정신박약이란다.
조금 놀래고 또한편 안스럽기도하고… 세상이 그렇지 뭐… 하면서 조금은 씁쓸한 마음이 들었다.

"왜 전에 얘기 안 했냐?"
"응… 뭐… 숨길 것도 없지만… 일부러 내세울 건 없잖아?"
"후~ 그래… 그렇겠지."

누구에게나 적당한 크기의 고민과 걱정은 다 있나 보다.

함께 만난 친구 중에 몇십억짜리 회사를 얼마간의 지분으로 일년

에 한두개씩 만드는 놈도 있었다.

그 놈… 결혼한 지 이십년이 가까워 오는데도… 아이가 없다.

"축하한다. 수경이 이번에 대학에 붙었다며?"

"응."

"대단하다."

나는 안다.

더 이상의 긴 얘기는 안 했지만 대학엘 들어간다는 사실이 대단한 게 아니고….

자식이 벌써 그렇게 커서 대학을 간다는 사실 자체가 그 놈에게는 대단히 부러웠는가 보다.

자식이 있는 내겐 대단할 게 하나도 없지만, 자식이 없는 그놈에겐… 그렇게 대단하게 느껴졌나 보다.

그러면서도….

그 두 놈은 내가 술을 많이 먹는 것에 대해서 심각하게 걱정들을 한다.

"너… 이제 좀 줄여야 하지 않냐?"

"이 씨팔놈아. 너… 나를 몰라서 하는 얘기냐?"

"………."

날이 몹시도 추웠고….

길도 미끄러웠고….

친구들의 삶의 무게가 느껴졌고….

무엇보다도 술이 '맛'이 없었다.

오늘처럼 맛대가리없는 술을 먹기는… 정말 처음이다.

술꾼 동파

비

비가 온다.

나는 늘…

비가 오면 내리는 비를 하염없이 바라본다.

밤새도록…

언젠가 아내가 그 모습을 보고 '무슨 일 있어?' '무슨 생각해?' 라는 말을 했었어.

아니 아니…

무슨 일이 있는 것도 아니고 무슨 생각을 하는 것도 아니야.

나는 그냥 내리는 비를 바라볼 뿐이야.

나는 쏟아지는 비가 좋아.

기왕이면 좍좍… 엄청 내리는 폭우가 좋아.

비가 온다.

오늘은 일을 끝내고 운동을 가려 하는데 창권이가 '형. 순대국집에서 기다릴게 빨리 끝내고 와' 라더군.

개시끼. 차라리 운동하지 말고 그냥 한잔 하자고 말하지.

나는 오늘 한잔 하고 싶었어.

내리는 빗소리를 들으며 조금 큰 잔에… 소주를 가득 부어서 벌컥벌컥 마시고 싶었어.

그 넘이 가고 주봉이가 또 전화했어.

'형님. 청운동 삼계탕에 몸보신이나 합시다'

그래 그래. 네가 진정한 친구다.

나는 운동이고 지랄이고 다 팽개치고 '토속집'으로 갔어.

넓다란 한옥집.

아흔아홉 칸은 안 되더라도 수십 칸은 되는 그 집.

삼계탕 두개, 옻닭 한개, 전기구이 한개, 쏘주 네개를 시켰어.

나는 닭이 좋아.

전기구이의 고소한 맛, 삼계탕의 걸쭉한 국물맛, 옻닭의 담백한 맛.

거기에 어우러지는 맑은 술.

마시고 또 마시고 또 한병 또 한병.

그래도 나는 취하지 않아.

외로워.

외로운 사람은 취하지 않아.

이제 가을이 올텐데….

나는 어떻하라고….

비가 온다.

비가 온다.

올테면 오라고 해.

비.

비.

씨팔놈의 비가 온다.

술꾼
동파

나의 음악상자

얼마 전,
'나의 음악상자'라는 걸 만들었다.
내가 좋아하는 음악들을 하나씩 모아 놓는 일들이 너무도 마음에 든다.

나는 제일 먼저 김추자의 '꽃잎'을 찾아 놓았고 그 노래를 들으며 아련한 옛 생각에 잠기기도 했다.

헨델의 사라방드

단순하면서도 장중한 느낌… 왠지 모를 비장함과 서러움을 간직한 그 음률을 따라 가다 보면…
왠지 어디론가 떠나야만 할 것 같은 착각에 사로잡힌다.

사랑하는 사람도 떠나고… 가족도 친구도 모두 떠나버린 허허벌판에 서서 지는 해를 바라보는 그런 허탈한 느낌.

뭔 음악이 이러냐. －_－
그래도 좋아. 계속반복 설정.

그 막연한 고독은,
그 옛날 한 여인을 사랑했을 때에도,
아내와 아이들과 함께 재미있게 살고 있을 때에도,
내 목숨과도 같은 친구놈들과 술을 마시고 놀 때에도,
어떤 프로젝트를 완성하기 위하여 몇 날 며칠을 새고 있을 때에도…

그 막연한 외로움은,
오랜 세월을 내 곁에서 떠날 줄을 모른다.

어쩌면 나는 전생에
찬란한 왕국을 하루 아침에 폐허로 만들어버린
어리석고 광기어린 제왕이었을지도 몰라.

지금 나는
그 씻을 수 없는 죄악과 오욕과 회한을 쓰게…쓰게 되씹으며
술을 먹고 있는지도 몰라.

………

지금 이 순간.

나는 무너져 내리고 있다.

진실하고 절절한 음악은 사람을 미치게 한다.

고이비또요 — 이쯔와 마유미

그 음악을 들으면 울고 싶다.

가슴 깊은 곳에서…

무언지 모르는 뭉클함, 서러움, 억눌림, 다 뒤집어 엎어버리고 싶은 충동…

어렸을 때부터 지긋지긋하게 느껴 온 가난함…

하고 싶은 일은 하나도 하지 못하고

하기 싫은 … 죽어도 하기 싫은 그런 일들만 해 왔고…

형이…

공부는 안 하고 기타만 친다고… 빌려 온 열두줄 기타를 부숴버렸던… 기억.

부수긴 왜 부셔.

난…

풀 수 없는 한을 품었다.

그러나 어찌할 수 없었기에… 울었다.

아이를 셋이나 낳고…

마흔도 안 된 나이에 '백혈병'에 걸려 먼저 떠난 누나도 …

누나 .

너무 예쁘고 착했던… 우리 누나.

내가 비뚤게 나간다고 안타까워 하며 울던… 우리 누나.

알지? 누나 밖에는 나를 이해해 준 사람이 없었어.

누나.

나 지금 울고 있어.

철없던 나이에 사업한다고,

땡전 한푼 없던 놈이… 이천만원이나 빌려 제대로 시작도 못해 보고 다 까먹고… 거기에 이천만원이나 빚을 졌었지.

집 정리하고 경기도 어딘가로 보따리 몇개 싸가지고 떠나던 그 날…

그때

한살, 세살의 어리디 어린 우리 아이들.

몇 날 며칠을 울고만 있던 아내.

나 혼자 죽는 건… 도저히 용납할 수 없었다.

이 어린 것들이 어떻게 살아 갈까… 이토록 여린 여자가 어떻게 살아갈까…

그 때…

'동반자살'이라는 게 이런 거구나…

별거 아니구나… 하며 허무한 눈물을 흘렸었다.

이제는 모두 지나간 추억이려니 했었는데…
이젠 다 잊었는 줄 알았는데…
이 노래.
'고이비또요'를 들으니 가슴 깊은 곳에서 '恨'이 솟아 난다.
눈물이 솟아 난다.
어디
아무도 없는 곳에서 소리지르며 울고 싶다.
....
....
....
....
......
...
.

벌써 수십번째 듣고 있다.
조금씩 …
가슴이 후련해짐을 느낀다.
누군가… 음악으로 정신치료를 한다더니… 맞는 말이다.

바그다드까페 - 'calling you'

영화와는 다른… 막연한 상상.

음악상자를 연다.

클릭한다.

늘어진 … 힘이 다 빠져서 흐느적거리는 여인의 맥빠진 절규가 들린다.

"I ~~~~~~~~~~~am call~~~~~~~~~ing y~~~~ou~~~~~~~~"

나는 '바그다드 까페'에 앉아 있다.

흰가루에 몽롱하게 취한 나는… 바라본다.

절정을 지난 조금은 늙어버린 듯한 그녀.

몽롱한 투명의 옷을 걸치고 약에 취한 눈으로 나를 바라본다.

"I ~~~~~~~~~~~am call~~~~~~~~~ing y~~~~ou~~~~~~~~"

난 니를 알고 싶지 않아.

그냥 노래 불러.

숨이 끊어질 때까지.

네가 사랑하는 그 놈은 내가 찾는 그녀와 함께 달아났을지도 몰라.

"I ~~~~~~~~~~~am call~~~~~~~~~ing y~~~~ou~~~~~~~~"

좀 더 강렬한 걸 갖다줄까?
아니 아니.
그건 내게 더 필요할지도 몰라.
좀 더 소리질러 봐.
더 비참하게… 더 추하게.

"I ~~~~~~~~~~~~am call~~~~~~~~~~ing y~~~~ou~~~~~~~~~"

난 이제…
슬프지도 화나지도 않아.
모든 게 귀찮아졌지.
내게 남은 건 오직 이 하얀가루뿐.

"I ~~~~~~~~~~~~am call~~~~~~~~~~ing y~~~~ou~~~~~~~~~"

내껀 잘라버렸어.
너도 막아버려.

"I ~~~~~~~~~~~~~am call~~~~~~~~~~ing y~~~~ou~~~~~~~~~~~~~~"
"I ~~~~~~~~~~~~~am call~~~~~~ing y~~~~ou~~~~~~~~~~~~~~~~~"
"I ~~~~~~~~~~~~~~~~~~am call~~~~~~~~~~ing y~~~~ou~~~~~~~~~~"
"I ~~~~~~~~~~~am call~~~~~~~ing y~~~~ou~~~~~~~~~~~~~~~~~~"

술을 마시고 음악을 들으면 그 음악과 하나가 되고…
나는… 낯선 세상에 가 있다.

술꾼 동파

4 | ^^?!

동의보감 vs. 동파보감

어제… 술 번개는 너무도 즐거웠습니다.
편안한 얘기들… 맛있는 안주… 정열적인 노래들….
제 기분은 마치 고등학교 때로 돌아간 것 같았습니다.
다음에 또 기회가 된다면… 더 많은 분들과…
더 맛있는 곳으로 가자구요.^^;

음….
제가 가족 여러분을 위해서… 틈틈이 공부 좀 했답니다.
앞으로는 '동의보감'을 보지 말고 "동파보감"을 참고하세요.
단, 부작용은 책임지지 않는답니다. ^^;

하나* __ **소화가 잘 안 된다.**

허준 : 무즙이 소화를 촉진시킨다.

동파 : 소화가 안 된다니? 그런 증상도 있나 -_-??

준 ^^; : 신경성 소화불량엔 귤껍질차가 최고다.

동파 : 촌스럽게시리… 지금도 그런 거 먹는 사람 있나.

준 : '산사자'가 위장의 기능을 좋게 한다.

동파 : 산에서 본 적이 없다. 대공원에서 보긴 봤다.

준 : 헛배 부르고 가스 찰 때 '지출환'을 드시라.

동파 : 한번 씨원하게 끼면 된다.

둘* _ 장이 안 좋다.

준 : 생강 찹쌀미음이 배를 따뜻하게 해 준다.

동파 : 그런거 해 달래면… 맞아 죽는다. ㅠ.ㅜ

준 : 감이나 곶감을 자주 드세요.

동파 : 그거 많이 먹고 오일 간 화장실에 못 간 사람의 심정을 아는가.

준 : 도토리묵이 장을 튼튼하게 해 준답니다.

동파 : 맹숭하게 어찌 도토리묵만 먹나. 막걸리 네병 먹고 설사가 심해졌다.

셋* _ 위, 십이지장궤양이 있다.

준 : 헐은 위벽에는 갑오징어 뼈가루가 좋다.

동파 : 그럼 뼈 뺀 갑오징어는 그냥 버리나.

준 : 초기 위궤양엔 연근튀김, 연근조림을 드세요.

동파 : 아까 내가 한 말… 못 들었나. 우리 마누라 정말 무섭다.

넷* _ 여성질환.

준 : 냉, 대하에는 무잎이나 홍화잎을 목욕제로 이용하세요.

동파 : 그런 말… 하지 마라. 조금 기분이… 야릇하다.

준 : 외음부의 염증이나 가려움증엔 백반끓인 물로 좌욕하세요.

동파 : ……… 그만 하자! -_-

다섯* __ 숙취로 고생한다.

준 : 북어국이 숙취를 해소시켜 줍니다.

동파 : 마누라가 끓여 주진 않지만 잘 알고 있다.

준 : 숙취로 인한 갈증엔 칡차만한 게 없습니다.

동파 : 그것도 안다. 하지만 한잔에 4천원이라 못 먹는다.

준 : 그렇다면… 생수 한컵에 감식초 3작은술을 타서 드세요.

동파 : 집에 감식초 없다. -_-

준 : 차라리 술먹지 마라. -_-+++++++

여섯* __ 정력감퇴가 걱정이다.

준 : 산딸기가 정력에 참 좋습니다.

동파 : 당신도 봤나. 난 그거… 4까지 봤다. ^^;

준 : 정력이 약하신 분은 옻닭을 드세요.

동파 : '옻' 오르면 당신이 책임지나. 내 친구 한달을 고생했다.

준 : '양파사과조청'은 맛좋은 정력제입니다.

동파 : 꿈같은 얘기다. 아무래도 난… 장가 잘못 갔다. -_-;

준 : 스태미나가 떨어졌을 때 '녹용'스프를 드세요.

동파 : 누구 약올리나.

준 : 삼지구엽초는 생식기를 튼튼하게하고 성기능을 강화시켜 줍니다.

동파 : 그렇게 좋은 풀이? 어디서 파나? 카드도 받나.

일곱* __살이 쪄서 고민이다.

준 : 운동부족으로 인한 비만에는 잣을 드세요.

동파 : 잣이 얼마나 비싼지 알고나 하는 소린가.

준 : 장내의 노폐물을 제거하려면 양배추차를 드세요.

동파 : 안 된다. 먹기도 역겨울 뿐 아니라… 방구냄새 정말 독하다.

준 : 고질적인 비만에는 연꽃씨차를 드세요.

동파 : 연꽃 구경하기도 힘든데… 어디서 씨를 구하고 차를 만드나.

여덟* __빈혈이 심하다.

준 : 빈혈로 어지러울 땐 오리고기가 좋다.

동파 : 아니다. 그녀가 어지러워 하면 오리고기보다는 어디 가까운 여관방에라도 가서 편히 눕게 하는 게… 피차 좋다. ^^;

준 : 당신과는 대화가 안 된다. 그냥 독자에게 말하겠다. 철분이 많은 소간, 메기를 푹 고운 곰탕, 굴이나 조개류, 시금치, 등푸른 생선 등등이 좋답니다.

동파 : 지금 술안주 얘기하나.
우리 어디가서 소주나 한잔 하는 게 어떤가.

술꾼 동파

편지 — 신혼여행사건

후배가 얼마전 결혼을 한다고 하더군요.

그넘에게 옛 사건을 상기시키려 편지를 보냈습니다.

아우야.

아래 글을 꼭 프린트해서 외우고 다니거라.

때는 198몇년이더라?

하여간 동파와 동녀는 제주도로 신혼여행을 갔더란다.

식이 끝나고 술이 곤드레가 된 동파는 인사불성이 되어서 친구들이 업고 비행기를 태워줬단다. 동녀는 비행기 안에서 내내 울었다더라.

이런 놈팽이를 데리고 한평생을 살 생각을 하니 아마 암담했을꺼다.

교훈 1. 결혼식 끝나고 술 많이 먹지 말아라.

나보다 한달 전에 결혼한 넘이 있었단다.

그넘 왈.

"동파야. 제주 그랜드 호텔 가거던 욕실에 커다란 타월이 있으니 반드시 챙겨오도록 하여라. 그거 지금 집에서 쓰고 있는데 아주 좋단다."

나와 동녀는 한달 선배의 말을 유심히 들었다.

그랜드 호텔에서 하룻밤을 자고 아침에 짐정리를 했다.

동녀는 자꾸 수건을 쳐다본다.

어리석은 동파는 남자다움을 나타내려는 듯… 수건을 홱 나꿔채서는 가방에 집어 넣었다.

그랬더니… 동녀… 작은 수건도 두개 챙긴다. -_-;

부창부수 -_-

동녀는 용의주도하게 여행가방 맨 밑바닥에 수건을 깔고… 짐을 넣는다.

우리가 문을 열고 나오니 잽싸게 방정리 아점마가 들어간다.

로비.

아가씨가 분주하게 계산을 한다.

아가씨 : (싱긋 웃으며) 객실비 12마넌… 수건 대짜가 삼마넌…소짜가 이마넌…두개…

동녀 : (얼굴이 하얘지며…) 어머…어머…

동파 : 수건이 그렇게 비싸여? 그럼 안 사여… 수건 꺼내. -_-;;;

호텔 로비 바닥에서

런닝과 팬티와 비누와 수건과 옷가지들… 먹다남은 소줏병까지

몽땅 꺼내어 놓으니… 그 가방에 많이도 들어갔다.

하기사 그넘의 삼마넌짜리 대짜 수건이 맨 밑바닥에 들어 있으니… 쩝.

지나가는 사람들.

모두 힐끗거리며 쳐다본다.

뭘 보냐? 이넘들아. 수건 훔친 넘 첨보냐? 짜식들…

신혼여행 후.

올라오자마자 한달 선배에게 전화를 했다.

동파 : 야이. 개새꺄. 너 땜에 갖은 쪽은 다 팔았다. 너 그자리에 그냥 있어. 내가 십분내로 달려 간다.

한달선배 : 븅~신. 그거 하나 제대로 못하냐? 킥킥…

그런데,

며칠 후 그넘에게서 전화가 왔다.

그넘 : 동파야.

동파 : 왜?

그넘 : 나… 그랜드 호텔에서 청구서 날라와떠. 수건대짜 3마넌. 소짜 두개 4마넌… 엉 엉…

동파 : 켁~

교훈 2. 호텔에서 수건 쌔벼오지 말아라. 진심이다. 술꾼 동파

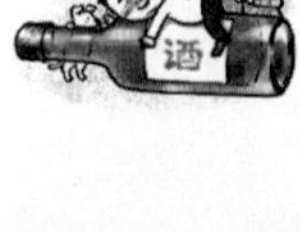

인터뷰

어제 전화가 한통 왔다.

sbs FM 손숙과 배기선?의 행복한 세상인가 뭔가 하는 프로에서 내글 '뱃살과의 전쟁'이란 글을 방송하고 잠깐 인터뷰를 해도 되겠냐고.

물론 좋다고 했고,

오늘 10시 30분 쯤 방송이 나왔다.

내가 쓴 글이지만 라디오를 통해서 들으니… 엄청 웃긴다. －_－

체중이 몇키로냐느니… 지금도 안 보이느냐느니… 글이 재미있다느니 등등의 이야기를 나누고 방송은 끝났다.

마눌님과도 인사를 나누고… 근데 마눌님은 완전 방송인이다.

어찌나 말씀을 잘하는지.

조금 있으니 다시 방송국에서 전화가 오고… 주소를 알려달란다.

'뭐 주나요?'

'죄송하지만 따로 상품은 없고… 책을 보내드립니다'

'…….－_－;;;;'

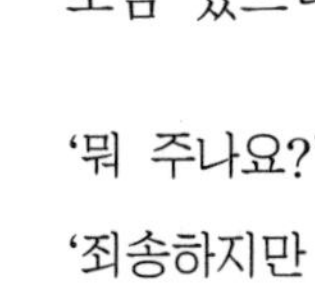

조금 있으니 동녀에게서 전화가 왔다.

'내가 볼 때는 별 재미 없더니 방송으로 들으니까 재밌던데? 아쭈구리… 상품은 뭐래?'

'없어. 그냥 책 한권 준대'

'어머…어머…뭐 그런 사람들이 다 있어. 쳇~'

시장친구들이 한턱쏘라고 난리를 친다.
결국 소주를 샀지만…
장사꾼의 입장에서 볼 때… 책 한권 받고 수억 나갔다. -_-
우리 엄마가 손해보는 장사는 하지 말랬는데… 쩝.

그 글을 옮겨 봅니다…

'뱃살과의 전쟁'

어느 날…
그 어느 날.

나른한 몸을 추스리며 샤워를 했습니다.
욕실의 커다란 거울에는
한 남자가 서 있었습니다.
오옷!!

그건… 환상이었습니다.

덥수룩한 수염… 차가운 눈동자.
웃을 듯 말 듯한 입가.
이런 남자는 몇 세기에 나올까 말까 한… 그런 사내대장부입니다.

눈을 내립니다.
허거걱!!!
커다란 동산이 있습니다.

경주에 가 보신 분들은 잘 아시겠지만 그곳에는 커다란 고분들이 있습니다.
둥그렇고 커다란 무덤들…
그건 얼마나 큰지 '동산'입니다.

고개를 숙여 밑을 봅니다.
이럴수가~!!!
'그것－_－' 이 보이지 않습니다.
그것만 보이지 않는다면야… 다행입니다만…

엄지발가락도 보이지 않습니다. －_－;;
누구는 '발가락이 닮았다'고 소설도 쓴다지만
누구는 '발가락이 안 보인다' 라는 수필을 써야 할 판입니다.
－_－
그 동산을 들여다 보면

움푹 들어갔던 흔적이 있습니다.

'배꼽'

그 언제인가는 그 곳이 신비함을 머금은 채 깊고 깊은 비밀을 간직하고 있었더랬죠.

하지만, 이제는 '무궁화 꽃이 피었습니다'도 아니고

아침이슬을 담뿍 머금은 채 피어난 '나팔꽃' 같습니다. ㅡ_ㅡ

아시나요?

화알짝 핀… 배꼽을.

이럴 수는 없습니다. 불끈!!

아침 여섯시에 일어났습니다.

뒷산 대모산을 오릅니다.

비장한 마음으로

아침의 차가운 공기를 호흡하며 천천히 산을 오릅니다.

배고파!

참아야 하느니라. 참아야 하느니라. 참아야 하느니라.

진땀을 흘리며 능선을 오릅니다.

헥! 헥!…

앞서가는 할아버지… 여유있게 시조를 읊으시며 올라갑니다.

동파… 게거품을 물며 쓰러지기 일보직전입니다.

땀을 흠뻑 흘리고 집으로 내려와 샤워를 합니다.

다시 내려다 봅니다.

역시… 안 보입니다. －_－;

아침을 먹습니다.

동녀가 맛있는 오징어국을 끓였습니다.

어리굴젓과 깻잎과 어제 먹다 남은 돈까스를 미친듯이 －_－ 먹습니다.

동파 : 여보. 국 한그릇 더 줘!

동녀 : 안돼. 벌써 많이 먹었어.

동파 : 그럼 … 국물만이라도…

동녀. 숫가락을 '확' 뺏어서 씽크대에 집어 던집니다.

난… 경상도여자가 싫습니다.

점심시간이 되었습니다.

주문받는 아점마가 아까부터 기다리고 있습니다.

아점마 : 사장님. 오늘은 뭘로 해 올까여?

동파 : 음… 제육볶음, 조기찌개, 계란찜으로 해줘… 아니 아니 잠깐 있이 봐요.

아점마 : 왜여?

동파 : 나… 지금 다이어트 중이에요.

아점마. 피식~ 웃는다.

동파 : 동태찌개, 비지찌개, 그리고 거… 배추쌈 으로 갖다줘요.

아점마. 비웃으며 간다.

얼마 후. 다섯명이 둘러모여 밥을 먹는다.

한넘 : 오늘은 반찬이 왜 이래?

동파 : 이 넘아. 우리도 이젠 생선과 야채 위주로 먹는 거야.
건강식이지. 핫핫… 다 너희들을 위한 거란다.

두넘 : -_-;; 여기서 배나온 사람은 사장님 혼자 뿐이에여.
혼자 하세여.

세넘 : 맞아. 그건 이형에게만 해당되는 얘기야.

동파 : …… 참새가 어찌 봉황의 뜻을 알리요… 음…

모두가 출출해지는 오후 4시.

수제비 아점마가 만면에 미소를 머금으며 다가온다.

'삼춘~ 수제빈디…'

'안 먹어. 나… 다이어트 중이야'

'옴마! 먼일이래? -_-? 반그릇만 펴줄까?'

'안 먹는다니까!!!!'

조금 있으려니 김밥 아점마가 배실배실 웃으며 또-_- 다가온다.

'몇개 드릴까?'

'우띠~ 안. 먹. 어.'

또 또 또… 도토리묵 아점마가 왔다.

도토리묵은 괜찮지 않을까? 그건 칼로리도 적을텐데… 쩝.

아! 이 참기름냄새.
갑자기 위와 창자가 꿈틀대기 시작한다.
가만 있어 봐 이넘들아. 아직 결정 못했어.
그래. 참기름을 빼고 먹으면 칼로리는 더욱 적을거야.
암. 그래 그래.

고독한 몸부림이었습니다.
세상은 동파의 다이어트에 대해서 시기를 하나봅니다. ㅡ_ㅡ

결국,
도토리 묵도 먹지 않았습니다.
나는 다이어트를 시작했습니다.
적절한 표어도 정했습니다.

'하루에 세끼만, 딱 세끼만 먹자'

저녁.
사랑하는 친구들과 한잔하러 갔습니다.
뭘 먹으러 갔냐구요?
핫핫…
아실랑가 모르겠네요.
'삶은 강원도 감자와 연한 암퇘지뼈를 곁들인 들깻잎 핫소스 스프'
뭐냐구요?
음… 감자탕이랍니다. ^^

탁! 털어 넣은 소주는 위를 지나 창자돌아 머리꼭대기까지 올라갔습니다.
뭐… 큰 실수는 없었던 것 같은데
담날 누군가… 스트립쇼는 정말 멋졌다고 말하더군요. ㅡ_ㅡ;;;
(정말이지 난 그런 적 없는데. 쩝~)

어제 저녁 다이어트는 실패했나 봅니다.
다음날 아침.
체중계에 올랐습니다.

이럴수가~!!!!!!!

2키로가 줄었습니다.
하지만 이 정도는 이미 예상하고 있었습니다.

잠깐 상식

- 아무에게나 안 알려주는 -

누군가 급하게 체중을 줄여야 할 필요가 있다면
자기 평소 주량의 두배 이상을 빈 속에 드십시오.
그러면 화장실을 자주 들락거리게 되고 ㅡ(2키로 빠짐)

다음날 속이 뒤집혀 하루종일 아무것도 못 먹는답니다.

심지어는 물 한 모금만 넘어가도 뒤집어집니다.

-(1키로 또 빠짐)

핫핫… 이렇게 해서 단 이틀 만에 3키로를 뺄 수 있습니다.

이건 오랜 세월에 걸쳐 꾸준히 소주를 마셔댄 동파만의 노하우랍니다.

단, 부작용은 책임지지 않는답니다. ^^;

몇년 전,

똑같은 이유로 수영을 시작했던 적이 있었습니다.

수영을 전혀 할 줄 모르던 동파.

기초반 젊은 아가씨들 틈에 똥배를 움켜잡고 덜덜 떨던 사내가 있었죠.

'키판'을 붙잡고 풀장의 한가운데 들어섰을 때,

그걸 놓치고는 허우적거렸습니다.

한가운데는 1미터 80이었습니다. 무시무시~

그 날,

선생이 구해주지 않았으면 한많은 인생을 풀장에서 마칠 뻔 했답니다.

그러던 동파도 한 삼년을 다니다 보니,

4~50바퀴는 단 한번의 쉼도 없이 부드럽게 유영하는 물개가 되었죠.

하지만 문제는…

식욕만 더욱 왕성해지지 전혀 뱃살은 들어가지 않았습니다.

뱃살이 들어가지 않는 운동은 더이상 할 필요가 없습니다.

-_-

일요일마다 산엘 올랐습니다.

땀을 흘리면 상쾌하고 체력도 좋아지는 것 같습니다.

하지만 또 …-_-;;

내려오면 동파의 다이어트를 시기하는 자들이 부지기수입니다.

파전, 동동주, 막걸리, 닭도리탕, 김밥… 이루 헤아릴 수 없는 적들이

'먹어 봐. 먹어 봐. 으이그 바부…'

적을 알고 나를 알면 백전백승이라는 말이 있다지요?

적은 알겠는데…

나를 모르겠습니다.-_-

무슨 운동을 하든지 '힘을 써서 뺀 칼로리의 양' 보다도

훨씬 많은 '양'을 먹으니 아무 소용이 없나 봅니다. ㅡ_ㅡ;;
요새는 연습장에 나가 힘껏 휘두르고 있습니다.
땀으로 범벅이 됩니다.
그러나,
운동이 끝나면… 아시죠?

나는 오늘도 고개를 숙여 내려다봅니다.
역쉬… 안 보입니다. ㅡ_ㅡ
그건 둘째치고 내 발가락이라도 좀 봤으면 좋겠습니다.
아!
난 언제까지 거울을 통해서만 봐야 하는 걸까요.

그 날… 그 날을 타는 목마름으로 기다리며
한잔 해야겠습니다. ^^

술꾼
동파

비밀지령

그 사내는 어두운 길을 걷고 있다.
약간은 술에 취한 듯 비틀~하다가 곧 자세를 바로 잡는다.
어느 아파트 앞에 문득 멈춰 선다.
그리곤 동호수를 유심히 바라본다.
무언가 확신이 선 듯 한걸음씩 계단을 오른다.

조심스레 열쇠를 꽂아 넣고 소리없이 문을 연다.
깜깜한 실내.
사람이 아무도 없는지 적막하기 이를 데 없다.
스위치를 올리니 환한 실내가 눈에 들어온다.
사내는 익숙한 움직임으로 컴퓨터 앞에 앉는다.

그 순간… 무언가를 발견한다.
모니터엔 노란 메모지의 '비밀지령'이 붙어있다.
긴장한 듯 땀을 흘리며 조심스레 읽는다.

아빠!

1. 된장국은 딤채에 있음

2. 가스불 잠그기(밸브)

3. 창문 닫기(다용도실, 부엌, 베란다)

4. 대문 잠그기. 열쇠 챙기기

5. 에어컨 조금만 틀기

6. 그릇 씻어서 밥 먹기.

7. 화장실 팬 끄고 출근하기

8. 밥, 국 냉장고에 잘 넣기

9. 놀러갈 때 문단속 잘 하기

10. 이불 개키기

11. 속옷 갈아입기

12. 벗은 속옷 고무통에 넣기.

동녀는 방학을 한 두 아이와 미국의 언니집에 보름 간의 일정으로 여행을 떠나며 아이를 시켜 '비밀지령'을 붙여놨다. －_－

멜 깁슨은 시퍼런 칼날에 목이 잘리기 직전 이렇게 외쳤다.

"Freedom～～～～～～～～～～～～～～～～～～～～～～～～～"

동파도 어제 쏘주 두병을 먹으며 외쳤다.

"자유닷!!"

하지만 자유를 구가하기 전에 '비밀지령'을 수행해야 한다.

ㅡ_ㅡ;;

동파는 다시한번 꼼꼼히 읽어본다.

1. 된장국은 딤채에 있음

먹는 것은 설명해 주지 않아도 다 안다.

엄청 큰 냄비에 가득 들어 있다. 족히 한달은 먹을 수 있을 것 같다.

그러나, 사람은 된장국만으로 사는 게 아니다. ㅡ_ㅡ

2. 가스불 잠그기(밸브)

음… 이건 정말 조심해야지. 아무리 종신보험에 들었다 하더라도.

3. 창문 닫기(다용도실, 부엌, 베란다)

나는 술만 먹으면 문이란 문은 다 열고 잔다.

나도 왜? 문을 여는지… 잘 모른다.

부부싸움의 주된 원인이다. ㅡ_ㅡ

그러나 상관없다.

14일 간 열어놓고… 마지막 날만 닫으면 된다.

어떤가! 이 비상함.

나는 나의 이 비상함에 깜짝깜짝 놀랄 때가 한두번이 아니다.^^

하지만, 마지막 날 깜빡하고 열어 놓으면….

보름만에 만나자마자 또 싸워야 한다. ㅡ_ㅡ;

4. 대문 잠그기. 열쇠 챙기기

열쇠 잃어버리면… 본의 아니게 외박해야 한다.
그건 불가항력이다.
누가 내 열쇠 좀… 훔쳐갈 사람 없나.

5. 에어컨 조금만 틀기

자기는 비행기타고 놀러가고… 나는 에어컨 좀 쐬면 안 되냐.
이건 좀 심하지 않은가.
'우월적지위의남용'은 '열성적지위의항거'로 맞서야겠다. 불끈~

6. 그릇 씻어서 밥 먹기

음… 오래전 동녀가 작은 식당을 할 때 몇 개월 간 떨어져 산 적이 있다.
그동안 설것이를 한번도 하지 않았다.
물론, 일주일에 한번은 동녀가 와서 설것이도 하고 빨래도 해 놓고 갔지만… 나는 일주일 내내 설것이를 안 하고 매일 밥을 먹었다.
어떻게 그랬냐고?

그건 쉽다. 정말 쉽다.
밥과 국을 먹는다.
남김없이 싹싹 긁어먹고 걍 놔둔다.
저녁에 와 보면 그릇은 바짝 말라 있다.
그 그릇에 다시 밥과 국을 먹는다.
다시 말린다. 다음날 아침을 먹는다.

핫핫… 간단하지 않은가? 이렇게 하면 일년 내내 설겆이 안 해도 된다.^^;

일찌기 동파의 습성을 간파한 동녀는 '그릇 씻어서 밥먹기'란 무시무시한 지령을 내린 것이다. ㅡ_ㅡ

7. 화장실 팬 끄고 출근하기

이것도 자신있다.
14일 간 처음부터 팬을 켜지 않는다.
마지막날 밤새도록 팬을 켜 놓으면 된다.
그러면… 담배냄새 싹 빠진다.
전기절약은 화장실 팬끄기부터 ^^

전기절약 이야기가 나와서 말인데….
우리딸 인경이가 초등1년 시절… 학교숙제라며 집안 곳곳에 표어를 붙여 놨다.

"절약금지" ㅡ_ㅡ;;;

지금도 그걸로 종종 놀려 먹는다.

8. 밥, 국 냉장고에 잘 넣기

음….

9. 놀러갈 때 문단속 잘하기

가만히 읽다 보니… 누굴 유치원생으로 아나?

‘아침에 이빨닦기’ ‘음식 흘리지 말것’
‘오줌누고 자크 잠그기’ ‘똥누고 손닦기’ 이런 건 왜 안 썼는지 모르겠다. －_－＋＋＋＋＋＋＋＋＋＋＋＋

10. 이불 개키기

동녀는 결혼 이후 지금까지 침대 사자고 조른다.
하지만, 나는 침대가 싫다.
이불은 역시 걍 놔두면 된다. 먼지나게 왜 개고 펴는가!
보름후 마지막날 개면 된다.
이불은 입이 없어 말하지 못한다.
보름간 깔려 있었다는 건 이불과 나밖엔… 아무도 모른다. ^^;

11. 속옷 갈아입기

내겐… 나만의 원칙이 있다.
그 누구도 간섭할 수 없는 나만의 변치않는 원칙.

‘팬티는 (동녀가) 갈아입혀 주기 전까지는 절대 갈아입지 않는다’

언젠가 동녀와 싸운 적이 있었다.
당연히 며칠간 팬티를 갈아입지 못했다.

동파 : 왜… 팬티를 갈아입혀 주지 않는거야.
동녀 : 흥! 자기는 손이 없나….
동파 : (단호하게) 좋아!!!!! 그렇다면….

며칠을 더 입었다.

결국… 냄새에 질렸는지… 뭐에 질렸는지… 동녀는 동파의 팬티를 갈아입히고… 그리고 화해했다. ㅡ_ㅡ

나… 이런 사람이다.

12. 벗은 속옷 고무통에 넣기.

갈아입은 속옷이 없는데… 고무통에 뭘 넣는단 말인가!
내게 너무 많은 걸 바라지 말라. ㅡ_ㅡ;

사내는 비밀지령이 적힌 노란 메모지에 불을 붙여 태우며….
입술을 지그시 깨물었다.

술꾼 동파

술꾼동파, 나… 이런 사람입니다

475가족 중 어떤 분이….

"동파님. 누구신지 정말 알고 싶군요" 라고 하신 분이 있었습니다.

…… 알려드립니다.

나… 이런 사람입니다.

사내들이 모여 고스톱을 친다.

패가 돌아간 후,

모두들 잘 들어왔나 눈에 불을 켜고 화투장을 들여다본다.

시작하자마자

첫째 넘이 비쌍피를 먹어 간다. ㅡ_ㅡ

둘째 넘… 고돌이 비상을 건다. ㅡ_ㅡ;

마지막으로 동파가 근엄한 표정으로 주위를 한번 둘러보고

9 석장을 바닥에 내려 놓는다.

(이 넘들, 폭탄을 인정하지 않는다. 할 수 없이 흔든다)

회심의 미소를 지으며… 낮은 그러나 단호한 어조로 말한다.

'나… 이런 사람입니다.'

여럿이 동태찌개 집엘 간다.

그 집은 항상 손님들이 바글바글거려 빈 자리가 날 때까지 잠시 기다린다.

마침내 한 곳이 일어나면 그 자리에 앉는다.

그 넘들이 먹다 남긴 술을 우선 한잔 쭈~욱 한다.

안주도 골라서 한 점 먹는다.

일행들은 이미 동파의 습성을 알기에… 아무말 안 한다.

아점마 : 사장님… 제발 그러지 좀 마세여.
얼른 치우고 갖다드릴게요.

동파 : 그럼 이거 남는 거 손님상에 다시 내올꺼요?

아점마 : 아니요.

동파 : 그럼 내가 먹어도 되잖아. 우와~ 맛있다.(맹구 버젼)

일행, 아점마 : -_-;;;;;;

'저… 그런 놈입니다.'

위와 같이 환경보호에(남이 남긴 찌개 먹는 것도 환경보호냐? 쩝.) 철저한 동파도 때로는 반환경적 행위를 한다.

땀을 뻘뻘 흘리며 설악 대청봉에 오른다.

주위를 둘러보고 사람이 없으면 지퍼를 내린다. -_-

한라 백록담에 발을 담그고 서서… 또 지퍼를 내린다.-_-;

관악, 도봉, 북한, 수락, 청계, 심지어는 우리집 뒷산 대모산까지 어김없이 지퍼를 내린다.

땀을 흘린 탓에 그렇게 많이 싸지는 않는다.

단, 한번 싼 곳은 두 번 다시 싸지 않는다는 나름대로의 철칙도 있다. ―_―

이거 참… 똥개도 아니고… 쩝.

동해의 맑은 바닷속이라고 예외는 없다.

서해, 남해의 바닷속은 물론이고 제주… 저 필리핀까지.

참! 물속에서 수트(다이빙복)를 입고 싸면… 넓적다리는 물론이고 아랫배까지 '뜨끈뜨끈'하다. ―_―;

정말이다.

'저… 그런 사람입니다.'

술을 먹다 보면 때로는 (정말?) 과음을 하게 된다.

다음날 몹시 피곤하여 지하철에서는 꼭 앉아 가고 싶다. 마침 경로석 한 자리가 비어 있다. 잽싸게 앉는다. 눈을 감고 오늘은 또 무슨 안주로 한잔 해야 하나… 라는 생각도 잠시 해 본다.

누가 앞에 서는 것 같다.

이럴 땐 눈을 뜰 수가 없다.

자는 척 해야 한다.

자는 척… 자는 척…

………

우띠! 깨어 보니 충무로(갈아타는 곳)를 훨~ 지나 불광동이다.

내 잘못인가? 술의 잘못인가?

또 한번은 잠시 졸다가 깼다. 압구정이다.

그런데… 내가 지금 출근을 하는 건지… 퇴근을 하는 건지 아무리 생각을 해도 알 수가 없었다. ㅡ_ㅡ;

시계를 봤다. 10시다.

역시 알 수가 없다.

지하철의 진행방향을 보니 시내로 가고 있다.

아! 나는 출근 중이구나.

(이건 내 잘못이 아니다. 전적으로 술 때문이다. 믿어 달라.)

'저… 그렇게 사는 넘입니다.'

스산한 바람이 부는 제주 성산포의 바닷가.

조금 쌀쌀한 바람이 왠지모를 서글픔을 일깨운다.

저기 멀리서 어떤 여인이 걸어 온다.

긴머리를 바람에 흩날리며 쓸쓸한 얼굴로 나를 바라본다.

어디선가 많이 본 듯한 얼굴.

그녀는 울고 있었다.

나는 와락 그녀를 껴안았다.

의외로 그녀는 가만히 내게 안긴다. (우와!)

갑자기 그녀가 뜨거운 키스를 퍼붓는다.

향긋한 여인의 내음이 본능을 자극한다.

"안돼! 안돼!"

"난 아내가 있어. 아이들도 있고…."

"이러면 안돼! 안돼… 돼~돼~돼~~~~~~~~^^;"

갑자기 동녀가….

"빨리 일어낫. 오늘 일찍 간다며!!! 으이그 못 살아!"

이런 개꿈도 가끔 꾸는….

'저… 이런 넘…이랍니다.'

아내의 생일날,

형수가 마땅히 선물 사기가 그렇고 해서 십만원을 봉투에 넣어 주었다(내 생일엔 겨우 양말과 팬티를 사 오더니… 우리 형수 정말 이지 너무한다).

그날 밤.

동파 : 여보. 나… 쏘주 먹게 삼마넌만.

동녀 : 안돼.

동파 : ……음… 그럼 이마넌만.(비굴 또 비굴)

동녀 : 이건 내.생.일.의.내.돈.이.라.구!!!!

동파 : (비장하게) 알았어.(돌아 눕는다)

몇분이 지난 후 동녀는 일어나더니 봉투에서 만원을 꺼낸다.

잠시 동파는 받을까 말까 갈등을 하다가 그래도 만원이면 순대국에 쏘주를 먹을 수 있다는 재빠른 계산을 하며 받는다(註 : 남대문 순대국 정말 죽인다. 순대술국 5천원. 쏘주 세병 6천원. 둘이서 실컷 먹는다. 그 아점마… 순대도 써비스로 준다. 누구… 세상이 자길 버릴 때 와라. 실컷 사 준다. 정말이다!).

이제사 말이지만… 언젠가 동녀가 혼자 운전 중 가만히 서 있는데 뒤에서 트럭이 들이받았다. 다행히 다친 데는 없었지만 어쨌든 보상금으로 55만원이나 받았다. 그 때 동녀는 무슨 맘을 먹었는지 5만원을 주며 술한잔 하라고 한 적이 있었다.

그렇게 착한 아내가… 정말 많이 변했다.

어쨌든, 다음날 친구넘과 순대국 실컷 먹었다.
소주를 네병이나 먹는 바람에 삼천원 초과다. -_-
아무래도 삼천원만 더 달래야겠다.
설마… 삼천원 가지고 쩨쩨하게 안 줄 동녀가 아니다. 확신한다.

'저… 이런 넘입니다.' -_-;

술꾼 동파

술꾼의 '四季'

누군가 말했다.

"오동잎 한 잎 떨어지매… 천하에 가을이 왔음을 알도다."

봄*__

지난 겨울은 지겹도록 많은 눈이 내렸다.
동태찌개 한잔 하고 술집을 나서니
비가 투둑투둑 내린다.

"신문지 뒤집어 쓰고 처량하게 비를 맞으니…
천하에 봄이 왔음을 알도다."

여름*__

날도 포근하야 시장통 구석에 쭈그리고 앉아 순대국 한그릇에
쏘주… 두어병 먹고 지하철을 탄다.

아직 에어컨을 틀지 않아 땀이 비오듯이 흐른다.
옆자리 아가씨… 술냄새 팍팍 풍긴다고 냉랭하게 쏘아보며
저쪽 빈자리로 찬바람을 일으키며 옮겨간다. －_－

"지하철에서 손수건으로 부채질하는 아점마를 바라보며…
천하에 여름이 왔음을 알도다."

가을*

- 8시 － 된장국에 아침을 먹는다.
- 12시 － 김치찌개에 점심을 먹는다. 계란후라이 1개도 먹는다. -_-
- 4시 － 간식으로 라면을 먹는다. -_-;
- 6시 － 남이 먹는 김밥을 몇개 뺏어 먹는다.
- 8시 － 술꾼들과 ○신탕을 먹는다. 쏘주도 두병 먹는다. -_-;;
  그리고 남은 국물에 밥을 볶아 먹는다. -_-;;;

"뽈록 나온 배를 내8려다보매… 천하에 가을이 왔음을 알도다."

겨울*

여름엔 아침 저녁으로 샤워한다.
가을이 되면서 하루 한번씩 한다.
아구탕, 감자탕에 과음을 하면 한번씩 샤워를 거르기도 한다.
－_－

날이 추워지면… 소주도 많이 들어간다. －_－;

따라서… 샤워 횟수도 점점 줄어든다.

지난주에 샤워를 했는지… 지지난 주에 샤워를 했는지….

도저히 기억이 안 난다. ㅡ_ㅡ;;

"새카만 발뒤꿈치를 바라보매… 천하에 겨울이 왔음을 알도다."

술꾼 동파

낭만에 대하여

아래의 항목은 스포츠투데이던가? 그 신문에 고정칼럼을 내는 정홍택이라는 양반이 만든 '낭만파모임의 행동강령'이랍니다.

바로 동파를 참고하여 만든 것 같군요. ^^;

(^-^)☆(^.^)

술꾼의 · 낭만수칙

하나* __ **따지지 않는다.**

내 친구 뚱땡이가 지난 주에 술을 샀다.
엊그제 또 좋은 일이 있었다며 술을 샀다.
오늘… 나 좀 외롭다고 그 넘에게 한잔 사라고 전화하려 한다. -_-
넌 왜 맨날 얻어 먹냐구… 내게 따지지 마라.
누가 술을 사느냐 하는 거… '난' 따지지 않는다. -_-;
나도 봐서… 내년 쯤엔 그 넘에게 한잔 사려한다. ^^;

둘* ___ **차라리 내가 손해 본다.**

그제 두병 먹고 어제는 거의 세병 먹었다(그것도 자랑이

냐? ㅡ_ㅡ;;).

피곤한 몸을 이끌고 간만에 집에 일찍 들어가려 하는데….

후배가 "형. 오늘 시간 있어요? 한잔 하시죠!" 한다.

ㅡ_ㅡ

한마디만 물어 본다.

"니가 살거냐?"

만약 그렇다고 하면,

그래… 내몸… 내가 손해보고 만다.

"가자~ 얼큰한 동태찌개나 먹자구."

셋* __ 항상 긍정적인 생각을 갖는다.

교통사고로 죽는 넘이 술 많이 먹어서 죽는 넘보다 훨씬 많다.

확률적으로… 술 많이 먹는 넘이 오래 산다. (ㅡ_ㅡ??)

넷* __ 사랑과 함께 정을 나눈다.

술을 많이 먹으면 펵탄도 예쁘게 보인다. ㅡ_ㅡ;

정도 나눠 주고… 사랑도 해 줘야 한다.

펵탄이 언제… 그런 기회를 갖겠는가!!

알고 보면 나도 좋은 일… 많이 하는 사람이다^^;

다섯* __ **문화, 예술, 스포츠를 사랑한다.**

나… 문화영화^^ 무쟈게 좋아한다.
'산딸기4' '피조개 뭍에 오르다' 등등이 특히 기억난다. ^^;
예술? 내 지루박은 진짜 예술이다.
스포츠… 음… 레스링 끝내준다. 특히 야간에 ㅡ_ㅡ

여섯* __ **멋을 부릴 줄 안다.**

빨간 양말, 노란 와이셔츠, 올빽으로 넘긴 번쩍이는 머리.
여자들… 빽이 간다.
술집여자들만… ㅡ_ㅡ;

일곱* __ **다방면에 많은 지식을 습득한다.**

누구처럼 다방에만 드나들지 않는다.
까페, 가라오께, 방석집, 요정, 룸싸롱… 미아리까지 폭을 넓힌다.

그런 곳에 가다 보면… 배울 거 정말 많다. ㅡ_ㅡ;

여덟* __ **식도락을 즐긴다.**

우핫핫… 이거 말 안 해도 잘~ 하고 있다.
월요일부터 토, 일요일까지….
참치눈깔(이거 아무나 못먹는다. 단골만 준다)부터…
소 혓바닥까지 다… 먹는다.

황소개구리전골 먹어 봤나?

그건 그렇고… 마누라가 작년부터 돼지갈비 한번만 사달랬는데….
시간이 없어서 아직 못 사줬다. ㅡ_ㅡ
내년 결혼기념일엔… 봐서 한번 사줄까… 한다.

아홉* __ **교제의 범위를 넓힌다.**

요새 시간많은 여자들 많다.
분당에서 일산까지… 참! 이번 일요일엔 부산에 한번 가 볼 작정이다.
그 쪽이 물이 좋다고 하더라.
원조교제도 재밌다고 하던데… 그건 겁나서 못한다. ㅡ_ㅡ

열* __ **국제적 감각을 갖춘다.**

죠니워카 블루, 발렌타인 30년에서부터 마오타이, 야자술까지 골고루 먹어 본다.

홍고량(붉은 옥수수술)도 먹어 본다.

그러나,

맛이… 소주만한 게… 없다. —_—

값도 역시… 소주만한 게… 없다. —_—;;

열하나* __ **남의 기쁨과 슬픔을 함께한다.**

결혼식, 회갑잔치 등엔 꼭 간다.

축의금 3만원 내고…

온 가족을 끌고 음식점 ‘청소’할 때까지 먹는다^^

상가집도 반드시 간다.

밤새도록 마시고는… 다음날 아무리 생각해도 누가 돌아가셨는지… 전혀 기억이 나지 않는다. —_—;

혹, 노래나 부르지 않았나… 걱정도 된다. —_—;;;

열둘* __ **위트와 유머감각을 즐긴다.**

윗글들… 못 봤나.

술꾼 동파

내일의 운세 – 술꾼편

음… 드디어 동파가 음양의 조화를 넘어 천지의 조화를 깨우쳤답니다.

부디 술꾼들은 참고하시어 '음주생활'에 더욱 매진하시기 바랍니다. 그리고… 아시죠?

'부작용 책임못짐'의 원칙.

쥐 · 띠

이리 뛰고 저리 뛰어도 결과를 얻지 못하니 심신이 괴로울 수.
이넘 저넘에게 전화를 해 보아도 술사 줄 넘 하나 없다.
이럴 때 '최후의 수'를 써봄직하다.
그(녀)에게 전화한다.

"나… 아무래도 오래 못 살 것 같아. 우리 만나자!"

고지식한 넘에게 잘못 써먹으면… 정말 오래 못 산다. –_–

▣ 권장안주 - 두부김치나 계란마끼, 막걸리.

소 · 띠

술자리에서 귀한 물건을 잃어버릴 수.

특히, 이번에 핸드폰 잃어버리면 네번째인 사람은 더욱 조심.

딸랑 이천원 들어 있는 지갑 잃어버리고 35만원 들어 있었다고 큰소리 치는 꽁수 부리지 말 것.

방석 밑에서 지갑 찾으면… 죽을 때까지 따 당한다.

▣ 권장안주 - 꼼장어나 꽁치구이. 소주(많이 마시지 말 것).

호랑이 · 띠

갈 길이 멀다고 먼 산만 쳐다볼 수.

내일까지 끝내야 할 일이 있는데도 불구하고 술 먹게 된다.

어차피 끝내 봐야 욕먹고 다시 시작해야 하니 편한 마음으로 먹자.

한달 후에 짤리나 열달 후에 짤리나 마찬가지.

신세 한탄하며 양껏 먹어 보자. ㅡ_ㅡ;;

▣ 권장안주 - 동태찌개. 순대국. 소주 5병까지-_-

토끼 · 띠

마음 가는 대로 움직이면 뜻밖의 행운이 따를 수.

용기를 내어 그녀에게 다가가 웃으며 말해 본다.

"해물구이를 기가 막히게 하는 집을 알고 있는데… 함께 가실까요?"
"(한참을 쳐다보고) 저번에 그 새끼 아냐? 아! 재섭써!!"

실망하지 말고 두어번 더 시도해 본다.

그 중… 걸리는 놈… 꼭 있다. ^^;

▣ 권장안주 - 해물로스구이(돈이 부족하면 쭈꾸미구이-_-;;).

용 · 띠

자신과의 싸움에서 이기지 않으면 패가망신할 수.

소주 한잔 잘 했으면 집에 곧장 가야 한다.

한잔 더!!를 외치며 단란주점에 갔다가는….

이번 달 카드값도 못 냈는데… 다음 달엔 신용불량자로 '등극'한다. ㅡ_ㅡ

이 카드 깡하여 저 카드 메꾸고 저 카드 깡하여 그 카드 메꾸다 보면 봉급쟁이… 파산하여 패가망신하기 십상이다.

나? 황색을 지나… 적색리스트에 올라 있다. ㅡ_ㅡ;;;

▣ 권장안주 - 단무지, 매운 새우깡, 막소주.

뱀 · 띠

술먹으러 갔다가 앤을 만나나 그 옆에는 딴 넘이 앉아 있어 속상할 운.

"저 넘 누구야 ?"

"응? 으응… 걍… 아는 오빠"

"아는 오빠 누구??"

"그냥 아는 오빠라니까!!"

"너… 이럴 수 있어?? 네가 어떻게…."

"근데… 저년은 누구야?"

"응? 으응… 걍 아는 동생"

"아는 동생 누구??"

"그냥 아는 동생이라니까!!"

"자기 나한테 이럴 수 있어?? 어떻게 내게…."

찢어질 사이는 빨리 찢어지는 게 좋다.^^

▣ 권장안주 - 오징어, 쥐포(좍좍~ 찢어 먹는다. -_-)

나머지… 말, 양, 원숭이, 닭, 개, 돼지는… 못합니다.
알고 싶은 사람은 복채를 내세요.
저도 뭐… 남는 게 있어야 먹고 살 것 아닙니까?

술꾼 동파

건강검진

지난 여름쯤인가? 의료보험공단에서 실시하는 무료건강검진 용지가 나왔다. 이제나 갈까 저제나 갈까 하다가 이주일 전쯤 동녀와 함께 병원엘 갔다.

전날 9시 이후에는 금식! 이라는 정말 지키기 어려운 지령이 떨어졌다.

밥 따위는 안 먹어도 아무런 상관없는데…

한잔 할 수 없다는 것은 아!아! 상상조차도 끔찍한 일이었다.

하지만 별 수 있나…

30년 가까이 처먹은 쏘주도 나의 간엔 아무런 영향을 미치지 못했다는 확실한 사실을 증명해야겠다!! 라는 쓰잘데기 없는 오기로 실로 삼사년 만에 처음 하루 소.주.를. 안.마.셨.다.

건강검진의 사전 준비로 작성한 문진표를 읽던 꺼부시시하게 생긴 의사가…

"술을 자주 드시나 보죠?"

"아뇨. 자주가 아니라 365일 꼬박 먹는데요."

의사가 어이없다는 듯이 물끄러미 바라본다.
(뭘 보냐 이 놈아. 너도 어제 엄청 퍼먹은 것 같은데…)

"결과를 봐야겠지만… 아마 2차 검진하러 오셔야할 것 같습니다. 연락 드리겠습다"

여러날 지나서 목소리가 아리따운 아가씨에게서 전화가 왔다.

"##씨죠?"
(헉! 이쁜 여자닷!) "누구시죠?"
"검사결과… 2차 정밀검진 받으러 나오세요. 월요일 9시 45분입니다."
"헉~! 그럼… 난 … 며칠 못 사나요?"
"전날 9시 이후에 금식하세요."

우… 씨팔! 또 금식이래. -_-;;;;;

피를 다시 뽑고 1차 검진표를 받아 들었다.

눈깔 정상
청력 정상
심전도 정상
성기싸이즈 비정상(왜소 -_-;;;)
뭐 어쩌구 저쩌구… 다 정상이다가…

감마지피티 109.
(15-30 : 정상, 30-75 : 크게 문제되지는 않으나 요주의)

그날도 여전히 꺼부시시하던 의사놈은 비웃는건지 뭔지… 빙그레 웃으며,

"야~ 이렇게 높은 사람 참 오래간만에 보는군요."

오래간만에 이런 사람 만나서 좋겠다 이 놈아.

"다른 부분도 이상이 있는지 정밀검사를 해보고 다시 연락드리죠"

출근을 하니 술친구 창권이가 허겁지겁 달려 온다.

"형. 뭐래? 이제 며칠 안 남았대지? 거봐, 내가 뭐랬어. 입원하면 내가 면회갈게."
"내가 너 같은 줄 아냐? 담주에 결과를 보잰다."

창권이 이 놈도 얼마 전 의사로부터 3개월 금주령을 받은 놈이다.

"형. 이제 우리… 저녁에 그냥 칼국수나 청국장… 뭐 그런거나 먹으러 다니자구"
"너나 처먹어라. 개시꺄."

아닌게 아니라 좀 찝찝했다. 하기사… 근… 20년 간 술 안 먹은 날이 4~5일 되려나?
음… 아무래도 무슨 조치를 취해야겠어.
전화를 했다.

475에서 알게 된 건강원 배원장님.

"배형이요? 핫핫… 동팝니다."

"아이고~ 동파님. 이거 오랜만입니다."

"배형. 감마지피틴가 뭔가 좆나게 높답니다. 헛개나무 좀 달여 주소."

"알겠습니다. 좋은 거 구해서 잘 달여 드릴께요."

팩으로 된 한약박스가 네개나 도착했다.

하루 서너개씩 먹으랜다.

그러나 감마지피티가 109인 사람은 그럴 수가 없다.

하루에 여섯개 일곱개씩 먹는다.

그래서 그런지…

잔뜩 먹어도 아침에 멀쩡하다. 쏘주도 더 달다. ^^;;;

엇그제 다시 그 꺼부시시한 놈에게 갔다.(아시죠? 그 놈)

"다른 기능은 별 이상이 없으니 다행입니다만… 그래도 술 좀 줄이시죠"

"요새 헛개나무 시도때도 없이 먹고 있습니다. 그리고 두병 먹을 거… 한병만 먹고 있습니다."

"헛개나무가 좋다는 얘기는 있지만… 검증된 바는 없고… 어쨌든 두어달 뒤에 다시 한번 수치가 내려갔는지 다시 검사하러 오세요."

"내가 보니까… 선생님도 헛개나무 좀 드셔야 할 것 같은데…소개시켜드릴까요?"

짜식. 또 기분나쁜 웃음 한번 짓고 만다.

이 놈아. 술 좀 작작 먹어라. 그러다 너도 나처럼 109 된다.

언젠가 관악산을 내려오다가 대피소에서 …
어떤 땅땅하고 건장한 노인네가 담배를 피고 있었다.
그러면서… "하…이 담배 끊어야 할텐데…"
나도 한대 피워 물며 물었다.

"형님. 연세가 어떻게 되셨습니까?"
"일흔다섯"
"담배는 언제부터 태우셨어요?"
"육이오때니까… 오십년 넘었지?"
"아따~ 성님. 연세 일흔다섯에…오십년 넘게 피우시고 …이제 무슨!!!담배를 끊겠다고 걱정을 하십니까!! 그냥 편하게 피우세요!!!"
"그…럴까?"

달마대사는 9년 면벽으로 도를 깨우쳤다.
동파는 30년 음주로… 아직 도를 깨우치지 못했다.
2~30년 더 마시면 깨우칠까?

음… '음주의 길 – 멀지만 가야 할 길'

술꾼 동파

남자의 조건

멍청하게 앉아 있는데 묘령의 여인이 종이 한 장을 휙~ 하고 내 앞에 놓고 간다.

게슴츠레 내려다 본다.

'남자의 조건 – 알파에서 오메가까지….'

교보생명 왕미희. 011-346-143*(쓸데없이 전화하지 마시오.)

남자의 조건*__

a. alcohol – 먼저 술을 할 줄 알아야 한다.

우핫핫… 완죤히 나를 위한 조건이다.
나? 일년에 두꺼비 사오백 마리 잡아 먹는다. 정말이다.
got, gpt 수치가 엄청 높다. 지방간은 말할 것 없고….
재작년에… 알콜성 간염까지 걸렸었다……….ㅠ.ㅜ

b. billiards – 당구를 칠 줄 알아야 한다.

고 1때 이미 200을 넘었다.

당구장 아르바이트해서 그 돈으로 책을 사 보았다(우와~).
대단하지 않은가. 책- 꿀단지, 썬데이서울 -_-;;
광화문의 구슬당구장. 단속이 나와 그 2층에서 뛰어 내린 전설이 아직도 인구에 회자된다.
지금?… 물 200이다. -_-

c. cigarette - 담배를 피울 줄 알아야 한다.

중딩 때부터 줄곧 피워 왔다.
하루에 두갑 핀다. 제일 독한 88골드 -_-
검지와 중지… 노랗다.
내 이빨을 보라. 니코틴으로 코팅되어 있다. ^^;

d. dream - 꿈이 있어야 한다.

a.를 못 봤는가. 맨날 술먹고 늦게 들어간다.
밤새 게임하고 채팅하다 보면… 늘 잠이 부족하다.
지하철에서, 낮잠자며… 개꿈 엄청 꾼다. -_-;

e. edps - 음담패설도 즐길 줄 알아야 한다.

흐흐흐… 뭐 이런 거 꼭 말해야 하나.
이런 건 멜로 하자.
하나 보내 주면 나도 꼭 보내 준다.
약속한다.

f. friend — 진실한 친구가 있어야 한다.

작년에 오만원 꿔준 친구가 아직까지 달란 말을 안 한다.
정말이지… 진실한 친구다.

g. gambling — 때에 따라서 도박을 할 줄 알아야 한다.

'때'에 따라서가 아니라 '늘' 이다.
삼광을 들고 쪼는데 둥그런 달광이 뜰 때의 그 기분 아는가?
고요한 적막을 깨고 "오 받고 십 더!!!" 라는 광야의 외침을,
그 '사자후의 오르가즘'를 아는가?
그건 그렇고….
집에 이번 달 월급은 줘야 할텐데… 쩌비~

h. hero — 영웅적인 기질이 있어야 한다.

여러해 전.
초봄에 얼음낚시를 갔었다.
얼음이 녹아 아무도 들어가지 않는다.
내가 용감하게 걸어 들어갔다.
모두들 말렸다. 겁쟁이들….
얼마쯤 갔을 때… 깨졌다.

그날… 죽다 살았다. —_—

i. image – 남들에게 부각되는 이미지도 중요하다.

이거라면 자신있다.
잘룩한 어깨, 떡 벌어진 허리와 배.
남들은 날더러 '금복주' 라고도 한다.
가슴둘레보다 배둘레가 더 나가는 사람 있으면 나와!!

j. joke – 농담도 즐길 줄 알아야 한다.

친구 어머니 회갑잔치에 갔었다.
친구 어머니의 친구(모가 이리 복잡하냐 －＿－)분께 풍악이 울리는 가운데 내딴에는 예리한 죠크를 던졌다.

"누님. 한번 땡기시져"
"이 후레자식이 뭐라카노?"……. ㅠ.ㅜ

k. killer – 때로는 혹독함, 냉정함도 겸비해야 한다.

지하도를 걷는데 거지가 앉아 있다.
그 앞에 서서 주머니를 뒤진다. 거지가 인사를 꾸벅한다.
동전이 하나도 없다. 계속 거지가 인사를 한다.
지갑을 보니 민원짜리 히나 달랑 있다. 그는 자꾸 인사를 한다.
이거 참! 다 줄 수도 없고 그렇다고 거슬러 달랠 수도 없고.
나는 냉정하게 돌아선다. 거지가 황당한 표정으로 바라본다.
미안. 나는 냉정해질 수밖에 없어.

l. leader – 상대방을 이끌어 나갈 줄 알아야 한다.

회식 후 나이트에서 그녀 혼자 맥주만 마시고 있다.
나가시죠….
저 부루스 못 추는데여….
아주 쉬워요. 제가 이끄는 대로 따라오시면 되여….
그래도….
자… 어서.
그녀를 살며시 끌어 안는다.
이 향긋한 내음… 아… 이 뭉클한 느낌. 찌릿~

m. manner – 매너가 있어야 한다.

지하철.
나는 경로석에 앉아 있다.
문이 열리며 할아버지가 탄다.
나는 옆자리의 학생을 한번 야리며 할아버지를 쳐다본다.
그 넘… 마지못해 일어난다.
어떤가!
노인을 공경하는 이… 철저한 매너.

n. new – 항상 새로운 것을 탐구해야 한다.

신입 여회원이 들어오면 20/20 은 물론 백문백답까지 샅샅이 훑어 보고… 메모한다. ^^;
때론 멜이나 쪽지도 보내 본다.

o. Object – 목적있는 삶을 살아야 한다.

나는 매일 술을 먹는다. (참… 자랑이다. –_–)
하루는 어떤 후배가 내게 물었다.

"형. 하루 술 안 먹으면 느낌이 어때요?"
"안 먹어 본 적이 있어야 그걸 알지!… 멍청한 넘"

또 이런 애기도 했었다.

"형. 차를 가지고 다니면 아무래도 술을 덜 마실텐데…."
"이 답답한 놈아. 술도 안 먹으려면 뭐하러 사니?"

그 후배, 다시는 내게 술 이야기 안 한다.

어떤가!
내겐 이렇게 확실한 목적이 있다. 우핫핫.

p. play – 놀 때 놀 줄 알아야 하고…

동교동 만화방에서 놀았다. – 초딩 때… 엄마지갑… 그때 멍이 아직도 있다.
청계천 뒷골목에서 놀았다. – 중3 때… 야한 사진이나 빨간책 사러….
광화문 소주집에서 놀았다. – 고3 때… 결국 꼬진 대학갔다…. –_–
북한산 할매집에서 놀았다. – 대학 때… 남들 고시공부할 때.
송우리 과부집에서 놀았다. – 군시절… 비상걸려… 영창 갔다

왔다. －_－;

지금?

남대문 허름한 소줏집에서 논다. － 내… 이렇게 될 줄 진즉 알았다.－_－;;

q. question － 궁금증을 갖고 생각을 많이 하고….

남자는 고속버스를 타고 가다가 오줌이 마려우면 술병이나 음료수 페트병으로 해결할 수 있다. 나도 경험이 있다.
여자는 그럴 때 어떻게?? －_－?
누구는 째끔씩 싸면서 말린다고도 하더만….
정말 궁금하다.

한과점 그 여자가 과부라는 소문도 있던데….
집은 어딘지… 돈은 좀 있는지… 나 같은 스타일… 좋아 하는지… 어쩐지….
진짜 궁금하다.

술꾼 동파

5 | 소주 먹기 좋은 집

| 동태찌개집 '부산갈매기'

| 천하일미 감자탕 '일미집'

| 진정한 소주 맛이 여기 있소이다. '순대국'

| 술꾼의 가슴을 적시는 닭 한마리

| 남대문에 가면 이 집이 있다. '심원갈비'

| 먹으면 먹을수록 빠져드는 그 맛 '과메기'

| 얼큰 시원 부대찌개 '광화문 송백식당'

동태찌개집 '부산갈매기'

그 어느 무료한 봄날 오후.

한 통의 전화가 왔다.

"동파님. 소주 먹기 좋은 집 한곳 소개시켜 주실래요?"

"좋습니다. 제가 다른 건 몰라도 소주 먹기 좋은 집은 너무너무 잘~ 알고 있답니다."(이런 것도 자랑인지… 뭔지… -_-;;;)

한국은행에서 남대문쪽으로 조금 내려가다가 이발소 회전등이 있는 곳에서 우측 작은 골목으로 20~30미터 정도 들어가다 보면 '부산갈매기'라는 집이 나온다. 15년 된 이 집은 동태찌개로 너무도 유명하여 그 주변에 같은 메뉴의 동태찌개집들이 줄줄이 들어섰다.

이 집이 '세계 3대 소주집' 중 하나다.

무… 물론 동파의 세계^^;

주인 아줌마가 반갑게 맞는다.

"삼춘~ 왜 이렇게 오래간만이야?"

동파도 반갑게 대답한다.

"이 집 찌개가 맛 없어서 그동안 다른 집만 갔어."
"잘났어 정말~! 찌개 먹을 거지?"

양주는 짜릿함은 있으나 시원함은 없고
맥주는 시원함은 있으나 짜릿함이 없다.
그러나,
소주는 짜릿하고 시원하다.

— 동파

금강산은 수려하나 장엄하지 못하고
지리산은 장엄하나 수려하지 못하다.
그러나,
묘향산은 수려하고 장엄하다.

— 서산대사

세수대야 만한 커다란 냄비에 동태찌개가 부글부글 끓고 있다.

"장사 잘 되냐?"
"뭐… 그렇지. 넌 요새 뭐하고 지내냐?"
"가끔 필드 나간다."
"개새끼 백수가 팔자도 좋다."
"너 요새도 매일 술 먹냐?"
"그럼 넌 요새도 매일 밥 먹냐. ○팔놈."
"큰 애가 지금 몇 학년이야?"
"대학 2년이다."

"벌써?"

"넌?"

"고2인데 이 새끼 공부는 안 하고 맨날 뭔짓을 하고 다니는지…."

"넌 그때 안 그런 줄 알아? 개새끼. 넌 더 했어."

"임마. 순 양아치 새끼."

한잔 꿀꺽하고 국물을 떠먹는다.

크아아~ 어찌 이런 맛이 생길 수가 있을까.

벌써 땀구멍이 반짝반짝 열린다.

커다란 냄비에 가득 들은 고니, 지라 그리고 탐스런 명태알들.

> 욕 한번에 술 한잔 한번 웃고 고니 한점
>
> 긴 한숨에 또 한잔 살살 녹는 지라 한점
>
> 내장들이 너무 많아 오히려 동태(사실은 생태)를 찾을 수가 없구나.

빈 속에 마신 몇 잔의 소주는 위를 지나 창자 돌아 순식간에 머리 꼭대기까지 흩어진다.

아! 사는 게 허허로운 그 어느날 진한 찌개국물이 술꾼을 위로 한다.

"이 집은 말이야~ 비오는 날 오면 죽여. 특히 장대비가 쏟아지는 날. 저 밖 양철판을 두드리는 소리를 들으면…. 아~!!! 그 때는, 그 때는 정말 죽어도 좋아."

"미친 놈. 술 먹다 죽으면 니 마누라 참 좋아하겠다. 야! 그만 먹고 나가서 입가심이나 하자."

"이렇게 맛있게 먹고 뭘 또 먹냐? 먹으려면 여기서 한병 더 하자구."

막걸리는 농익은 여인네의 그것(－_－?)과 같고

소주는 벌떡 선 사내의 그것 －_－ 과 같다.

양주 좋아 하는 넘… 영계, 도박 좋아하고

소주 좋아 하는 넘… 음주가무 좋아한다.

맥주 좋아 하는 넘… 뭐에 미치는 거 하나도 못 봤다.

양주 따르는 년 15만원 팁에도 눈 하나 깜짝 안 하고

소주집 아점마 5천원 팁에도 눈물이 글썽하다.

그리고,

호프집 아르바이트, 천원짜리 한 장 받아 본 적 있으면…

열 손가락에 장을 지진다고 개거품 문다.

양주 안주 너무 간결해… 엎어져도 주워 먹을 수 있고

맥주 안주… 있어도 그만이고 없어도 그만이다.

소주 안주 엎어지면 먹을 수도 없으려니와 내일 갈아입을 옷조차 없다. －_－

소주는 먹는 만큼 느낀다.

한잔을 먹으면 한잔 만큼 느낀다. 뭘 －_－?

반병을 먹으면 인생이 그렇게 힘들지만은 않다는 걸 느낀다.

한병을 먹으면 세상은 참… 살아볼 만한 가치가 있다는 걸 느낀다.

두병을 먹으면 세상은 나를 위해 존재한다는 걸 느낀다.

서너병을 먹으면?

세상이 나를 버린다는 걸… 다음날 느낀다. －_－

"삼촌아～～!! 이제 좀 가자!! 우리 내일 아침 또 일찍 준비해야 하는데…."

"알았어. 야! 가자."

"담에 비오는 날 꼭 다시 오자. 엉?"

"그러자구～ 딸꾹! @.@"

천하일미 감자탕 '일미집'

왕년의 명문고등학교. 사나이 중의 사나이들이 다녔던 후암동 용산고등학교 정문 대각선 쪽으로 '세계 3대 소주집' 중의 하나인 '일미집'이 자리한다. 십 몇년 전인가, 이십 몇년 전인가… 자그마한 탁자 3개 놓고 시작한 그 집은 오늘날 매일매일 술꾼들이 바글바글대는 '소주 먹기 좋은 집'이 되었다.

"감자탕이 언제부터 생긴지 아세요?"

"-_- ?? 몰라요. 언제부터 생겼어여?"

"얘기하자면… 정말 길죠. 우선 한잔 하세요."

움푹 패인 커다란 냄비엔 잘못 건드리면 떨어질 듯 돼지등뼈가 쌓여 있다. 옛날의 감자탕엔 뼈에 살이 별로 붙어 있지 않아 그 조금 붙어 있던 살을 발라먹느라 쪽쪽거리며 빨아 먹던 기억이 있다.

이건 뭐… 개도 아니고. —_—;;

하지만, 보라!! 동파의 뱃살처럼 등뼈에 잔뜩 붙어 있는 고기 덩어리를!

한잔 쭈~욱 마시고 우물거리면 그 담백한 고기는 미처 씹기도 전에 녹아버린다.

그리고 부글부글 끓고 있는 감자탕 국물은… 아!! 뭐라고 설명해야 하나….

한겨울 동치미가 이보다 시원할까?
구수한 멸치국물이 이보다 담백할까?
아서라! 세치 혀는 말할수록 멀어지니.

"감자탕이 언제부터 생겼어여?"

"함경남도 안변에 신고산이라는 산이 있죠. 아시죠? ♬신고산이… 우루루… 하는 노래. 그 산 밑 고개 너머 재너미라는 마을이 있었죠. 모두가 먹고 살기 어렵던 일제시대… 성은 '문'이고 이름은 '자근년이'라는 처녀가 있었습니다.

"찢어지게 가난하던 문씨네는 흉년이 들던 어느해 재너미에서 제일 큰 부자 이영필이라는 사람에게 자근년이를 소실로 들여보냈답니다.

이영필이라는 사람은 돼지를 엄청나게 많이 키웠는데… 돼지를 잡고 나면 고기나 내장은 다 먹지만 뼈가 많이 남았죠. 돼지뼈는 소뼈와 달리 거의 버리다시피 했었답니다. 자근년이는 그 뼈가 아까워 푹 고아 동네사람들에게 나눠 줬습니다.

근데 살이 하나도 붙어 있지 않은 돼지뼈는 정말이지 먹을 게 하나도 없어서 고민이 많았습니다. 그러다가 감자를 넣고, 또 우거지를 넣고 깻잎도 넣어 보고 이리저리 해보다가 입에서 저절로 녹는 천하일미 감자탕이 탄생하게 된 거랍니다.

그러다가 육이오가 터지고 이영필은 전란 중에 사망하고 자근년이만 세 아들과 딸 하나 들쳐 업고 남쪽으로 내려왔답니다. 먹고 살 길이 막연했던 자근년이는 '감자탕'을 시작했죠. 그 자식들과 함께 일하던 아줌마들이 전국으로 퍼져 나가며 오늘날의 감자탕이 된 거랍니다.

핫핫….”

“어머~! 어떻게 그렇게 잘 아세여?”

“그… 자근년이가… 제 큰 이모되시죠. 부끄럽습니다.”

“어머머머머!!! 정말이세여????”

“아뇨. 몽땅 거짓말입니다.”

“-_-?? 그… 그럼… 그 자근년이는….”

“전부 다 거짓말이라니까… 왜!! 사람 말을 못 믿으시는 거죠???”

“-_-;;;;;;;”

한바탕 웃고 나니 국물이 짭짤해진다. 육수를 더 붓고 라면을 넣는다. 헛헛한 뱃속에 ‘라면’보다 더 맛있는 ‘감자탕 라면’이 술꾼의 뱃속을 든든하게 채워 준다. 함께 나오는 총각김치와 부추김치는 감자탕의 맛을 더욱 깊게 해주는데, 그 두 가지가 없으면 아마 감자탕도 맛없으리라.

어찌하여 이 집은 한 가지만 맛있으면 되지 세 가지가 함께 어우러져 술꾼의 애간장을 녹이는지… 원망스러울 뿐이다.

소주 값까지 합쳐 둘이서 이만원, 넷이면 사만원에 천하일미 술과 안주를 먹을 수 있는 곳, 대한민국에 태어난 것이 자랑스러울 뿐이다.

그 어느날 아침.

♫소나무야… 소나무야… 언제나 푸른 네 빛….♫ (동파의 벨소리 -_-)

“여보세요.”

"저… 동파님이시죠?"

"(헉! 여자닷!!) 예. 전데요."

"실례가 안 된다면 오늘 저녁에 시간 되시면 같이 한잔 하고 싶은데여. 저… 술은 못하지만 동파님이 소개 해주시는 맛있는 집에 가고 싶어여."

"…… 좋습니다. 7시 반까지 남대문으로 오시죠."

아주 가끔… 그 어느 무료한 날 모르는 이에게서 전화가 온다.

'동파님이십니까. 내일 제가 서울 올라갈 일이 있는데 혹 같이 한잔 하시지 않으시겠습니까. 제가 한잔 사겠습니다.'

공짜술인데… 뭘 마다하리요… 가 아니라

이렇게 예정에 없던 전화를 받는 술꾼의 행복을 아시나요?

소주와 맛있는 안주와 그리고 처음 만나는 분과의 살아가는 이야기.

반가움과 고마움… 그리고 술꾼으로서의 뿌듯한 자부심 ^^;;

처음 만나는 그 분들께 항상 하는 말이 있다.

"삶은 강원도 감자와 연한 암퇘지등뼈를 곁들인 '들깻잎 핫소스 스프'를 아시나요?"

술꾼 동파

진정한 소주 맛이 여기 있소이다. '순대국'

4호선 회현역 5번 출구를 나오면 오른쪽 앞으로 작은 골목이 나온다. 이름하여 '남대문 칼국수 골목'.

♫ **좁다란 골목길엔 우산 세개**^^가 아니라… 된장보리밥, 칼국수, 수제비 등등을 파는 작은 식당(좌판)들이 좌우로 줄줄이 늘어서 있다.

그 끝까지 가면 막다른 골목이 되고 좌우로 갈라진 곳에서 좌측으로 틀자마자… '세계 3대 소주집' 중의 하나인 순대국집이 고즈넉히 자리잡고 있다. (註: 세계 3대 소주집 – 북창동 동태찌개 '부산갈매기', 용산고등학교 정문 대각선 감자탕 '일미집', 그리고… 이 집 천하일미 '순대국집' 무… 물론 세계 3대라… 함은 '동파의 세계'랍니다^^; 아시죠?)

동파 : 너 왜? 한잔 하고 늦는다고 전화 안 하냐?
대팔 : 냅둬~ 어제 집에서 한판 했어.

집안 막내인 김사장(대팔)은 막내임에도 불구하고 풍으로 반신불수가 되신 칠순 노모를 모시고 십 수년 간을 살고 있다. 대팔이 아내의 어려운 입장이 눈에 선하다. 아직 돌도 지나지 않은 늦둥이를 키우면서 살기란…. –_–

"뭐… 드릴까?"

"국밥 하나 하고 머리고기 반 접시만 주세요."

'딱통'이라 불리는, 돼지머리 중에서도 가장 큰 머리만을 쓰는 이 집 고기는 우리가 가끔 접하는 돼지머리보다 두 배 이상은 크다. 따라서 그 안에는 벼라별 희안한 부위가 무궁무진하다.

몸통에서는 전혀 맛볼 수 없는 연하디 연한 살코기, 기름도 아닌 것이 살도 아닌 것이 쫄깃쫄깃하고… 이루 표현하기 어려운 투명하고도 감미로운 부분… 딱딱하지 않으면서도 담백하고 오도독오도독 씹히는 다양한 물렁뼈들….

한잔 쭈~욱 들이키고 허연 비게 붙은 고기 한 점을 집어 청양고추 섞인 새우젓 푸~욱 담가 우물우물 씹는다.

아! 아!! 돼지고기 특유의 감칠 맛이 입안에 은은히 퍼진다. 우~ 세상천하의 어떤 요리가 이 맛에 비길까.

동파 : 대팔아. 니 마누라 정말 훌륭한 사람이야. 요새 세상에 자기 먹고살기도 바쁜데 불편한 어머니 모시고… 간난쟁이 키우면서 살기 얼마나 힘들겠냐. 니가 잘 해 임마.

대팔 : 나도 알지~

동파 : 아는 새끼가 왜 한판 했어.

대팔 : ……… 형은 내 맘 몰라.

순대국이 나온다. 거뭇거뭇한 들깨가루 떠다니는 뽀~오얀 순대국이 무럭무럭 김을 내며 '얼른 먹어 봐~ 먹어 봐' 한다. 새우젓을

넣는다. 마늘을 많이 그리고 다대기 조금… 마지막으로 청양고추를 듬뿍 퍼 넣는다. 휘휘 저어 골고루 섞는다.

차가운 소주를 한잔 꾸~울꺽 하고는… 국물을 떠 마신다.

크아아아아아아~~~~악!!!

이 맛은… 이 맛은 뭐라 형언할 수 없는 천국의 맛이다. 진하고도 담백 구수 아찔한…

아아!! 표현 자체가 그 맛에 누를 끼치는 건방진 짓인 것을.

동파 : 그나저나 우리집도 큰일이다.

대팔 : 왜? 뭔 일 있당가?

동파 : 우리 오마니… 그 동안 절에 쭈욱~ 계셨잖냐. 근데 이제 여든 둘이신데 거동이 상당히 불편하신가 봐. 척추협착증이래나 모래나… 두어 군데 병원에 가서 엠알아이도 찍어 봤는데 허리가 굽으며 신경을 눌러 무지하게 아프신가 봐. 나이 때문에 수술도 할 수 없고… 후~

대팔 : 그럼 누가 모셔?

동파 : … 형님 집으로 가시기야 가시겠지만. 형수라고 좋아하겠냐. 집 안에 미묘한 알력도 생기고… 옛날에 추석특집극인가? 뭔가 그런 걸 봤는데, 그땐 저런 개새끼들 아들노무새끼들이 지 어머니 서로 안 모시겠다고… 저런 쌍노무새끼들 어쩌구 저쩌구 했었는데… 이제 내가 그 입장이 되니 정말 한심 답답 미치고 환장하겠다.

대팔 : (빙그레 웃으며.) 형이 한번 모셔 봐~

동파 : 후~~~ 니가 정말 대단하다. 아니, 니 마누라가 정말 대단해.

순대국 한 그릇이 어느새 홀딱 비워진다. 뜨거운 국물 더 달라 하고 바로 옆집 모듬전을 한 접시 시킨다. 김치전, 동태전, 부추전, 두부부침, 똥그랑땡까지 푸짐하게 한 접시 나온다.

출출한 그 어느 날 저녁, 막걸리 한 사발 벌컥벌컥 마시고 김치전 한 입 뚝! 베어 물면…

아! 아! 사람이 이렇게 살아가는구나. 사는 게 별거 아니구나… 하며 그 순간 세상의 진리와 마주치게 된다.

고추전을 간장찍어 크게한입 베어물고
두부부침 신김치에 동그랗게 말아놓고
긴한숨에 소주한잔 또한숨에 담배연기
나혼자만 반평생을 고생한줄 알았더니
반신불수 늙은어미 평생모신 아우있네.

대팔 : 뭐 해!! 한잔 받어.
동파 : 아니다. 네가… 내 한잔 받아라.
대팔 : 형… 지금 우는 거야?
동파 : 아냐. 임마. 울긴 누가 운다 그래.

ps. 이 집은 깨끗하고 분위기 좋은 그런 집은 아니다. 맛있게 먹다 보면 고양이가 두어 마리 지키고 앉아 있고 오줌은 골목길 하수도에서 해결해야 한다. 아주 가끔 부랑자들이 지나 다니고 (하지만 손님들에게 절대 시비를 걸지는 않는다.) 추운 날엔

오들오들 떨며 먹고 비가 오면 한 두 방울씩 빗방울을 맞아야 한다.

그럼에도 불구하고 세계 3대 소주집 중의 하나로 인정하는 것은 그 맛이 '천하일품'이라는 데 있다. 허름한 그 집에선 가슴 깊이 꽁꽁 숨겨 두었던 한 많은 사연들이 저절로 풀려 나오고 그렇게 풀어 내다보면 어느새 가슴속이 후련해진다. 답답하면 바닥에 가래침 탁탁 뱉기도 하고… 거친 쌍욕을 하기도 한다. 물론 권장사항은 아니다. 하지만 그만큼 마음 편하다고나 할까? 가끔은 혼자 가기도 하는데 이런저런 하소연을 넉넉한 웃음으로 받아주는 순대국집 아줌마가 있어… 순대국이 더욱 맛있는지도 모르겠다.

술꾼 동파

술꾼의 가슴을 적시는 닭 한마리

♬ 소나무야~ 소나무야~ -_-;;

"여보세요?"

"형님. 오늘 토요일인데 어디 가슈? 한잔 합시다."

"마침 잘 됐다. 빨리 와."

종로6가와 청계6가 사이 광장시장 끄트머리엔 아직도 6, 70년대의 감각이 살아 있는 가게들이 즐비하게 늘어서 있다. 그 무질서한 골목을 헤치고 걷다 보면 유명한 '돼지곱창'집들이 줄줄이 있고, 바로 그 다음부터 수십년 간 명성을 떨쳐 온 '닭 한마리집' 들이 서로 원조라고 뽐내고 있는데…

대한민국 어느 유명한 골목치고 '원조'아닌 집이 없다. 이제… '원조'란 그냥 '보통'을 의미한다.

우리는 '그'집에 들어선다. 다닥다닥 붙어 있는 탁자와 의자… 그리고 그보다 더 많은 사람들이 바글바글대고, 끓어 오르는 닭국물의 열기는 술꾼의 마음을 설레게 한다.

"형! 사는 게 왜 이렇게 피곤한지 모르겠네요. 어디 조용한 절에라도 들어가고 싶어."

"가라."

"그럼 마누라와 애새끼는 어떡하고?"

"걱정되냐? 그럼 가지 마라."

"뭐야~ 지나가는 미친 놈 얘기 듣듯하네~!"

아주아주 커다란 양푼엔 진한 육수가 목욕물보다 많이 들어 있고… 그 안에 누느낡-_- 이 세상시름 잊은 채 고즈넉히 누워 있다.

닭아~ 닭아~ 네 신세가 편하구나.
나도 훌랑 벗고 그 안에 눕고 싶다.

국물이 끓는 동안 소스를 만들어야 한다. 먼저 다대기를 한 숫갈 떠 넣고 마늘, 식초, 겨자 그리고 마지막으로 간장을 적당히 붓는다. 그리고는 세상사 응어리를 풀어버리듯… 마구마구 휘젓는다.-_- 아직 닭이 완전히 끓으려면 조금 기다려야 한다.

소주 한잔 털어 넣고… 벌그스리한 '물김치'를 우적우적 씹는다.

날것도 아닌 것이 시지도 않은 것이
싱겁지도 않은 것이 싸시도 않은 것이
네 어찌 사나이 가슴 이토록 적셔 주나.

"너… 재가부처라고 들어 봤냐?"

"재가부처요?"

"절에나 들어가고 싶다고 했지? 유명한 스님… 말씀들 들어 보니 그렇

계 살고 싶냐?"

"………."

"마음을 비워라. 욕심을 버려라. 자비를 베풀어라… 그거 다… 좆까는 소리야. 그 양반들은 자식 걱정 없잖아? 학원비 낼 일 없고 전세금 올려줄 걱정 없고 세금 낼 일 없고… 부모님 문제, 형제들 문제, 돈 문제… 건강 문제….

으~~ 씨팔. 너나 나나 무슨 큰 욕심이 있냐? 그냥 평범하게 조용하게 살고 싶잖아. 그게 맘대로 안 되니까 이렇게 고달픈 거 아니냐. 누군들 마음 비우고 살고 싶지 않냐?

터무니없이 공명심에 거짓말하는 놈이나 남 사기쳐먹는 새끼들 빼고 그냥 우리처럼 어렵게 고생하고 같이 부대끼고 착실하게 사는 사람이 집에 있는 부처야. 알지?"

양푼의 국물이 아까부터 부글부글 끓는다. 불을 약하게 줄이고 '13일의 금요일'에 나오는 커다란 가위를 집는다. 왼손엔 집게를 들고 누드 닭을 조심스럽게 토막낸다. 왼쪽 날개, 오른쪽 날개, 왼쪽 다리, 오른쪽 다리… 그리고 모가지.

토막살인을 저지른 놈들은 예외 없이 이 집에서 연습했다는 전설이…

종로와 청계천에서는 아직도 떠돌고 있다. ^^;

"형! 나도 형처럼 요새 하루도 안 빼고 마셔."

"우핫핫~~!! 술이란 말이야… 아프다고 안 마시고 피곤하다고 안 마시고 어제 많이 먹었다고 안 마시고… 그러는 게 아니야. 꾸준히 먹어 줘야지. 자~ 한잔 마시자."

뒷다리를 하나 집어 아까 만든 소스를 듬뿍 찍는다. 한잔 쭈~욱 넘기고 우물우물 씹는다. 담백하고 연한 닭고기가 빨리 한잔 더 마시라고 재촉한다. -_-

또 한잔 마시고 뜨거운 국물을 뜬다.

크어어어억~~~ 닭국물 특유의 달콤함과 담백함이 혀를 녹이고 온몸을 녹인다. 그리고 피곤한 몸이 추~욱 늘어진다.

"술. 너무 많이 먹지 마라."

"나야 그렇게 먹다가도 안 먹을 땐 안 먹지만 형이 걱정이야. 형 너무 많이 먹는거 아냐?"

"개새끼. 니 걱정이나 해, 임마."

두툼한 감자를 건져 먹고… 닭날개를 뜯고….

소주 한잔 마시고 하늘 아래 최고의 국물 한 술 뜨고

돈 걱정 하고 헛소리에 웃음 한번 날리고

또 한잔 마시고… GOT, GPT 걱정 한번 하고….

아줌마 목놓아 불러 소주 한병 시키고… 하다 보면… 어느새 찌그러진 양푼엔 국물만 쓸쓸히 남아 있다.

이제 오늘의 하이라이트.

"아줌마!!!!!!!!!!!!! 여기 칼국수!!!!!!!!!!!!!!"

"일인분이요? 이인분이요?"

"이인분!!!!!!!!!!!"

부글부글 끓는 국물에 칼국수 잔뜩 들은 빠~알간 플라스틱 바가지를 아무런 미련없이 '탁' 엎어버린다. 그리곤 하늘하늘 휘감아 도는 국수 가락의 환상적 춤사위를 감상한다.

어쩌면… 난… 이 칼국수가 먹고 싶어 이곳에 왔는지도 몰라.

사는 게 피곤한 그 어느날.

시원한 물김치와 함께 먹는 이 닭칼국수는… '재가부처'들의 헛헛한 아린 속을 달래 준다. 너무 맛있어서… 너무 고마워서 눈물이 난다.

ps. 이 글을… 누드닭과 닭 한마리집 아줌마와 칼국수 만드는 아저씨… 그리고… 소주공장 직원들께 바칩니다.

술꾼 동파

남대문에 가면 이 집이 있다. ‘심원갈비’

가을밤은 깊어간다.

도심의 뒷골목엔 가슴 시린 서늘한 바람이 휑~하니 지나간다. 뒤따라오는 허무하고 서글픈 삶의 상념들.

아아!!

오늘 같은 날은 짜르르르르~~ 창자를 휘감아 도는 강렬한 유혹에 온몸을 맡기고 싶다.

국보1호 남대문 바로 앞엔 이십 몇 층쯤 되는 대한화재 빌딩이 있다. 그 빌딩을 따라 뒤로 돌면….

헉! 낮에는 없던 휘황찬란한 별천지가 나타난다.

넓지 않은 빌딩 뒷길엔 수십여 개의 둥그런 대포판이 자리하고 지글지글 돼지 목살 굽는 연기가 뿌옇게 혹은 가냘프게 머리를 풀어헤치고 하늘하늘 쓸쓸한 가을 밤하늘로 승천한다.

오오~~!! 여기가 천국이냐 극락이냐.

“뭘로 갖다드릴까요.”

“목살 반, 갈매기 반, 쏘주 두개… 된장국도 미리 좀 갖다줘요.”

두툼한 목살은 소금을 살짝 뿌려 통째로 굽는다. 마늘을 그릇째 쏟아 붓고 가장자리엔 시큼한 김치를 두른다. 목살에서 나오는 기름에 구워지는 김치는 식욕을 절로 일으킨다. 이럴 때 소리친다.

"아줌마!! 밥 한 공기!! 빨리!!!!"

소고기로 치면 안창살에 해당되는 '갈매기'살은 언젠가 만났던 그녀의 가슴처럼^^; 부드럽고 쫄깃하다.(헉~~!! 정말??)

"너… 대체 어쩔 생각이냐?"

"… 모르겠어요."

"내 생각엔 말이다. 너 그렇게 장사 어영부영 할 거면 차라리 다 정리하고 세계일주라도 떠나라. 너 정리하면 얼마나 될지 모르겠지만… 그냥 다 까먹는 것보다는 넓은 세상 구경이나 실컷 하다가 돌아와."

사십이 되도록 아직 장가를 안 간 그 놈은 이년 전인가? 어머니마저 돌아가시고 혼자 외롭게 살고 있다. 한참 때 돈도 잘 벌던 그 놈은 의욕도 상실했는지 출근도 안 하고 매일밤 술만 퍼먹고 있었다.

"지난 추석에 말이야… 구파발 진관사 쪽 삼화사라는 절엘 다녀오다가 전화가 왔어."

"무슨 전화요?"

"동창회 총무 전환데… 동창 H라는 놈이 죽었다고."

"왜 죽었대요?"

H는 사연은 모르겠지만 삼사년 전엔가? 이혼을 하고 고등학교

다니는 딸내미는 이모 집으로 보내고 혼자 살고 있었다. 술을 워낙 좋아하던 그 놈은 혼자 살다 보니 식사 부실하고 매일 과음을 하다가 대체 어느날 죽었는지도 모르게 추석 전 날 혼자 살던 방에서 발견됐다.

허무한 놈.

소주를 한잔 털어 넣고 구수한 된장국을 떠먹는다. 고기의 느끼함이 싹 가신다. 손수건 만한 돼지껍데기를 노릇하게 굽는다. 바작바작 과자 같이 바싹 구운 껍데기는 몇 손가락 안에 드는 최상의 소주 안주다.

"형! 그 얘길 왜 나한테 해? 왜? 나도 시체로 발견될까 봐? 씨팔."

"이 놈아. 사람이 외로움이 깊어지면 정말 알 수 없는 뜻밖의 일이 생겨. 그러니까 떠나라. 제발 구차한 꼴 보이지 말고 떠나! 이 개새꺄."

"……."

"……."

바람이 분다.

아까보다 더 쌀쌀한 바람이 뻥 뚫린 가슴을 사정없이 후비고 지나간다.

어느새 그 많던 사람들은 하나둘씩 사라지고 여기저기 취한 술꾼들만 남는다. 아까부터 우리 두 사람의 얘기만 묵묵히 들으며 소주만 마시던 놈이 혀 꼬부라진 소리로 한 마디 한다.

"자~자~ 우리 그러지 말고 한 잔씩 더 하고 노래나 부릅시다. 아줌마 여기 고기 한 접시 더! 쏘주도 하나 더 줘! 거… 세상 골치 아프게 살지 맙시다. 저 놈… 지가 알아서 하겠지. 제가 먼저 한 자락 뽑겠습

니다."

하며 젓가락을 두드린다.

♬ 인천에 성냥공장. 성냥공장 아가씨~

(헉! 이 놈이 미쳤나? 지금이 어느 시댄데… 성냥공장 아가씨를 … ㅡ_ㅡ;)

♬ 하루에~ 한 곽 두 곽 낱개로 열두 곽~

♬ 치마 밑에 숨켜 오다… 정문을 나설 때….

쓸쓸한 바람이 불든,
허무한 비가 내리든,
우리에게 그건 알 바가 아니다.

술이 뺑~ 돌아버린 우리 넷은 각자 숟가락과 젓가락을 두드리며 합창을 한다. 좀전의 일견 쓸쓸해 보이고 또 한편으로 진지하던 사람들은 온데 간데 없고 취한 개들만 왈왈 짖고 있었다.

♬ 성냥통에 불이 붙어~ XX털이 다탔네~

♬ 인천에 성냥공장 아가씨는 XXX! xxx! xxx!!

목살은 지글지글 노릇노릇 구워지고 소주는 몇 병 더 비워진다. 가슴 서늘했던 바람은 어느새 상쾌한 바람으로 바뀌고 일행은 온갖 황당한 노래 몇 곡 더 두드린다. 답답했던 마음들은 어느새 눈 녹듯 사라지고 쾌활한 웃음소리가 가을밤에 울려 퍼진다.

그래! 이래서 우리는 소주를 마시는 거야.

"형! 나 내일부터 열심히 할 거야."

"정말이냐?"

"그럼. 형! 고마워."

"개새끼. 진짜 열심히 안 하면 그땐… 너 내 손에 죽는다."

(그 놈은 가게를 정리하고 며칠 전 용산으로 자리를 옮겼다. 예전의 활기를 되찾길 바라며… 조만간 화분이라도 사들고 가 봐야겠다.)

이 목살집은 날 좋은 봄밤과 가을밤에 가기를 적극 추천한다.

있는 속, 없는 속 모두 시원히 풀어 낼 수 있고, 마음껏 큰소리로 떠들 수 있고 사람 냄새가 진하게 풍기는 멋진 곳이다. 거기에 노릇노릇 지글지글 구워지는 목살의 진한 맛은 주량을 두 배로 늘려주는 묘한 마력이 깃들어져 있다. 더불어 불어 오는 감미로운 바람은 온갖 세상 시름을 어느 결엔가 날려버린다.

누구는 '나를 키운 건 팔할이 바람' 이라고 했다마는….

이 집은 구할이 바람이다.

술꾼에겐 이런 집은 정말 행운이 아닐 수 없다.

목살집 아줌마!! 천당갈껴~ ^^;

ps. 이 목살집에 점심메뉴가 있다. (돼지고기)된장찌개. 냉면그릇에 나오는 밥. 부글부글 끓고 있는 된장찌개를 푹~ 퍼서 콩나물과 무생채를 함께 비벼먹는 그 맛은 죽은 놈도 벌떡 일어난다는 유명한 헛소문이 있다^^; 남대문에 볼 일 있는 사람은 필히 한번 맛보시도록.

술꾼 동파

먹으면 먹을수록 빠져드는 그 맛 '과메기'

찬바람 쌩쌩 부는 도시의 한 모퉁이 허름한 집 앞에서 덜덜 떨며 이삼십 분 기다리다 겨우 한 팀 일어서면 꽁꽁 얼은 손 녹이며 싸먹는 과메기 한점.

그대! 동해 먼바다 차디찬 바다 속을 헤매다가 오늘 비로소 만나는구나.

날이 매우 춥습니다. 정말 뭐 빠지게 춥습니다. 그렇다고 음주를 멀리할 수는 없습니다. 나그네는 길에서도 쉬지 않는다지만 진정한 술꾼은 이까짓 추위에 눈 하나 깜짝하지 않습니다(쯧쯧~ 대단하다. ㅡ_ㅡ).

날이 추우니 장사도 별로입니다. 그럼에도 불구하고 출출한^^ 저녁이 돌아왔습니다. 이제 술꾼들을 불러 모아야 합니다.

동파 : 얘들아~! 오늘은 날도 추운데 과메기나 먹으러 가자.

봉구 : 사장님. 과메기가 뭐여요?

동파 : 이런 무식한 놈!! 너 메기 알지? 메기가 나이가 과하게 먹어 늙으면 과메기가 되는 거야. 그거 먹으면 하룻밤에 여자 다섯은 너끈히 해치울 수 있지. 제발 그만~ 제발 그만~ 하고 말이야.

봉구 : 정말요?

술꾼들 : 우핫핫핫!!!!

남대문에서 다섯 명이 택시를 타고 중구청 앞! 이라고 외칩니다. 중구청 옆 골목으로 10미터를 들어가면 '영덕식당'이라고 조금은 허름한 집이 있습니다(넷피플 가족들 : 왜? 맨날 허름한 집만 가세요? 동파: 핫핫! 진정한 소주 맛은 그런 집 아니고는 도저히 맛볼 수 없답니다).

아~! 벌써 서너 팀이 문 앞에서 벌벌 떨고 기다리고 있군요. 대체 이 집은 언제나 기다리지 않고 먹어 보나. ㅡ_ㅡ;;

탁자가 일곱개 정도? 있고 안쪽에 너댓명 앉으면 꽉 차는 골방이 하나 있죠. 이 집은 초저녁에 일찍 가지 않으면 이삼십분은 족히 벌벌 떨어야 합니다.

동파 : 과메기란 말이야… 동해안 청정한 바다 속에서 펄펄 뛰는 꽁치를 겨울 바닷바람에 얼렸다가 녹였다가 하며 열 몇번을 반복해서 먹기 좋게 말랐을 때 쭉쭉 찢어서… 이렇게 쏘주와 함께 먹는 거야.

창권 : 형! 열 몇 번인데?

동파 : 야이, 개시꺄. 내가 안 봤는데 어케 아냐? 지들 꼴리는 대로 밀렸겠지.

오늘도 모두 수고했다. 자~~ 한잔 하자. 보람찬 음주생활을 위하여!!

자… 그럼 먹어 봅시다. 작은 앞 접시에 날김을 한 장 놓습니다. 그 위에 물미역이나 혹은 다시마를 비슷한 면적으로 놓고, 쭉쭉 찢

어져 놓여 있는 과메기를 한 점 집어 반으로 접고 초장을 '푸~욱' 찍습니다. 그리고 그 위에 실파, 마늘을 얹고 김밥처럼 둥그렇게 말아서 오른손에 쥐고, 차가운 소주를 한잔.

쭈~~~~~~~~~욱 들이킵니다.

짜르르르르르~~~ 아!!

그리곤 과메기쌈을 우적우적 씹어 먹습니다.

아! 아~!! 그 맛은 설명하지 않으렵니다.

왜냐구요?

음… 그걸 설명해 드리면 먹은 놈이나 안 먹은 분 ^^; 이나 똑같지 않습니까? 제가 왜? 한 접시에 만칠천원씩이나 하는 과메기맛을 공짜로 설명해야 한단 말입니까!!!

원득: (이 놈 포항 놈이다) 헤임이요~. 지가 며칠 전 포항 갔다가 이 까메기 묵었는데… 이 집 까메기 맛보다 영판 못하데예.

몇년간 이 집 과메기만 죽어라 먹어 봐서 다른 곳 과메기는 먹어보지 못했지만 이 놈 얘기로는 본고장에서도 이 맛이 안 난답니다. 아마 과메기는 거기서 거기겠지만 '초장' 맛이 다른 것 같습니다. 이것저것 양념들이 듬뿍 들은 이 집 초장은 그냥 밥에 비벼 먹어도 일품입니다.

얼얼한 입을 뜨거운 '콩나물국'으로 달랩니다. 소금으로만 간을 한 콩나물 가득 들은 콩나물국은 과메기의 얼얼고소상큼한 맛과 절묘한 조화를 이루며 추위에 떨던 술꾼들의 몸과 마음을 푸근하게 녹입니다.

동파 : 야! 이 과메기를 일명 '바다의 비아그라'라고 부른다지 않냐.

창권 : 참! 형!! 저번에 내가 준 비아그라 어쨌어? 먹어 봤어?(이 놈이 어디선가 두알 얻었다고 한 알을 얻은 적이 있었다.)

동파 : 얀마! 말도 마라. 그거 먹고 밤에 힘 좀 쓸려다가… 그때 누구랑인가? 쏘주 진탕 먹고 집에 가서 그냥 뻗어버렸잖아. 아… 정말 아깝다.

창권 : 그럼 효과가 있었는지 없었는지도 모르겠네?

동파 : 모르지. 그냥 뻗어버린 놈이 뭘 알겠냐? 넌?

창권 : 아~씨~ 난 담날 아침에 출근하는데 지하철에서까지 뻘떡 서서 혼났어. 그거 함부로 먹을 게 못 되더라구….

술잔이 채워지고 비워지고를 여러 차례… 남들은 과메기 한 접시 놓고 고사를 지내는데 우리 탁자의 과메기는 벌써 세 판째. 슬슬 혀가 꼬입니다.

참 이상합니다. 과메기를 많이 먹었더니 혓바닥도 갱상도 식으로 꼬입디다.

동파 : 아지매~! 아지매가 영덕띠깅교?

아지매: 아이라. 강구띠기.

김제 : '띠기'가 뭣이여?

동파 : 이 놈아. '댁'이란 소리야. 잠실댁, 부천댁 하듯이.

영광 : 어? 우리 고향에선 '떡'이라고 하는데…?

동파 : 떡? 떡은 또 뭐냐? 우핫핫….

김제 : 띠기가 뭐여~ 띠기가. 킥킥~

동파 : 강구띠기도 이리 와서 한잔 하소.

'띠기'와 '떡'으로 한참을 웃었습니다. 그리고 과메기를 또 한 점

쌉니다.

이눔 시키들 얼마나 잘 먹는지… 적지 않은 양임에도 불구하고 한 접시 나오고 소주 서너 잔 먹으면 벌써 빈 접시가 됩니다.

강구띠기~ 한 접시 더~~!

이 과메기엔 불포화지방산인 EPA와 DHA함량이 높아 혈압저하, 중성지방저하, 심근경색방지, 뇌경색방지 등등의 성인병예방에 필수 불가결한 식품이랍니다. 또, 특히 과메기를 먹으면 술이 취하지 않는다는 말이 있는데 이것은 과메기에는 숙취해독을 시킬 수 있는 물질인 아스파라긴산이 엄청나게 많이 들어있기 때문이랍니다.

어쩐지… 과메기 먹으면 평소 한두병이 두세병으로 늘어난다 했지… 쩝.

아참! 저 위에 EPA와 DHA함량 어쩌구 저쩌구… 중성지방 어쩌구… 뇌경색방지 등등 어떻게 그렇게 잘 아냐구요? 그거 쉽습니다. 과메기 – 인터넷에서 검색해서 그냥 쭉~ 긁어 복사해서 붙여 넣기만 하면 그만이죠. 헤헤 ^^;

처음 과메기를 먹으면 초장맛으로 그냥 무덤덤하게 먹습니다. 다음날 가면 조금씩 맛을 느낍니다. 세 번째 가면 맛있기 시작해서… 그 다음부터는 매일매일 과메기 생각이 떠나질 않습니다. 우리 술꾼들은 이걸… 일명 '과메기 중독'이라 부릅니다.

이 추운 겨울날. 우리 그 무시무시한 중독에 한번 걸려볼까요?

술꾼 동파

얼큰 시원 부대찌개 '광화문 송백식당'

비가 온다. 구질구질 장마비가 온다. 아침부터 내린 비는 한낮을 지나 온몸이 녹초가 되는 저녁까지 내린다.

어두워진 하늘.

검은 구름을 바라보며 빗줄기 사이로 담배꽁초를 내던진다.

가자!!!

광화문 세종문화회관 뒷길로 들어서면 아직도 그 옛날의 모습을 간직한 구 도로가 있다.

철없던 고등학교 시절…

교복 호크 풀어 헤치고…

구겨진 모자 삐딱하게 쓰고…

가방 옆구리에 끼고…

운동화 꺾어 신고…

세상의 온갖 불만을 얼굴에 그려 놓고 갈짓자로 걷던 광화문 뒷길이 있다.

조금은 삐딱하게 나가던 아이들이 많이 가던 '카프리제과'가 저쯤에 있었어.

그래… 이쯤에 돼지껍데기 한 접시에 백원씩 팔던 대포집이 있었지.

이 골목으로 들어가면 삼수생 우글거리던 독서실이 있었어.

비는 주룩주룩 내리고… 술꾼은 옛날의 고등학생이 되어 갈짓자로 걷는다. 그 길 2층 한 켠에 왠지 어울리지 않는 이름, '송백' 이라는 간판이 덩그러니 붙어 있다. 이름만 보고서는 무슨 일식 집인가… 하는 생각이 든다. 이 집이 얼큰 시원한 부대찌개 전문집이다.

모듬을 시킨다.

커다란 철판에 소시지, 햄, 감자, 양파 그리고 커다란 등심 한 덩어리가 철푸덕 들어 앉아 있다. 아참! 베이컨도 잔뜩 들러붙어 자리한다.

버터를 녹이고… 지글지글 구워지는 중에 신김치 한 대접을 '팍' 엎어버린다(양이 엄청 많다. 2만8천원으로 서너 명이 남길 때도 있다). 느끼한 걸 싫어하는 사람은 김치 한 대접 더 엎어버리면 된다.^^

창밖으로 쏟아지는 비를 바라보며 한잔 쭈~욱 들이킨다.

안주? 냉동실에서 방금 꺼낸 차가운 소시지를 오물오물 씹는 맛도 별미다. 옆에서는 부대찌개가 부글부글 끓기 시작한다.

동파 : 야! 니들… 부대찌개의 원조를 아냐?

기노 : 그거 뭐… 의정부 미군부대 옆에서 찌끄레기 고기로 시작한 거 잖아.

동파 : 그게 아냐! 임마.

주봉 : 그럼 형은 뭐 좀 알아요?

동파 : 의정부역에서 조금 올라가면 양주군청인가 뭔가 그 옆 골목으로 부대찌개 집이 엄청 많아. 왼쪽에 '오뎅집'이라고 있지. 그 아주머니네(지금은 할머니) 집에 옛날에 미국 죤슨 대통령이 왔었대. 갑자기 대접할 건 없고… 미군부대 소시지, 햄 등등을 넣고 마침 신김치가 있길래 그걸 잔뜩 넣고 벌겋게 끓였더랜다. 근데 죤슨이 그걸 먹고 나서 '원더풀'을 연발했대나… 모래나. 그래서 그 당시에는 부대찌개가 아니라 '죤슨탕'이라고 불렀댄다.

수용 : 에이~ 형님 또 노가리 푼다.

동파 : 야!! 정말이야. 이 놈아.

수용 : 그럼 그걸 어째 아는데?

동파 : 그 오뎅집 벽에 보면 그 사연을 쭉~ 써서 그렇게 붙여 놨어.

태경 : 그럼~ 그렇지. 그거 외운 거구나.

동파 : 야! 그거 외워 둔 게 무슨 죄냐? 에이~ 무식한 놈들.

빗줄기는 더욱 거세진다.

한잔 쭉~ 들이키고 시원한 국물을 떠먹는다.

아~ 아~ 얼큰 시원한 국물이 가슴을 쓸어 내린다.

의정부 오뎅집의 국물은 신김치와 어우러진 걸쭉한 맛이고, 이 집 송백의 국물은 콩나물이 잔뜩 들어 있어 시원하기 이를 데 없다. 느끼함이 전혀 없는 시원칼칼한 이 집의 국물 맛은 햄과 소시지의

느끼함을 한번에 씻어 준다.

밥과 라면은 무한정 공짜. 하지만 공짜라고 라면부터 넣으면 특유의 국물 맛이 사라지기 때문에 어느 정도 찌개를 먹은 다음 육수를 더 달라고 한 후에 양껏 라면을 넣어야 한다. 하지만 배가 부르면 술맛이 떨어지기 때문에 알아서 드시도록.

기노 : 옛날에 도시락 반찬으로 이 소시지 싸주면 인기 최고였는데….

동파 : 야… 이 놈 부자였네. 난 초·중·고 12년을 김치만 싸 갔다. 너 같은 부르조아지는 우리 같은 서민들의 애환을 몰라.

기노 : 고딩 때부터 맨날 소주 먹었다매? 안주는 뭘로 했어?

동파 : 응?… 돼지껍데기, 닭도리탕, 불고기… 뭐… 그런 거 먹었지.

태경 : 무슨 서민이… 그것도 고딩이 맨날 그런 안주에 술을 먹어? 거 말도 안 되는 소리 하지도 마쇼.

동파 : 얀마. 없는 놈이 그렇게 먹으려니… 얼마나 고생이 많았겠냐.

노릇하게 구워진 감자를 먹는다.

아아 맛있다.

난 감자가 좋아.

기름에 잘 구워진 김치에 베이컨을 싸서 밥 한술 뜬다. 고소하다.

이슬 맺힌 소주잔을 탁~ 털어 넣고 부드러운 햄을 씹는다. 씹을수록 진한 고기 맛이 우러나온다.

죽인다. 정말 죽인다.

또 한잔 들이키고 칼칼한 국물 한술을 뜬다.

팽~ 돈다.

(註 : 소주를 한 컵 따라 쭉~ 마시고 다시 그 컵에 뜨거운 물을 따라 한 컵 마시면 팽~그르르르 돈다. 그 기분 정말 죽인다. 단 부작용은 책임지지 않는답니다. ^^;)

두어 달 전.

동녀와 인왕산에 올랐다. 간단하게 땀을 흘린 후 이 집으로 와서 부대찌개 2인분을 시켰었다. 일요일이라 그런지… 사람은 아무도 없고 딩그러니 우리 둘만 앉았다.

무료한 일요일 오후. 부글부글 끓는 찌개소리만 울려 퍼질 뿐… 나른하게 앉아 한잔씩 주고받는 소주 맛은… 감미로움 그 자체였다. 한잔 마시고 또 한잔 따라주고… 부드러운 소시지를 우물우물 넘기고… 또 한잔 마시고 국물 한술 뜨고.

이십년을 넘게 산 부부가 아무 말 없이 빙그레 마주보며 한잔씩 하는 그 순간은 오랫동안 잊고 있었던 부부간의 믿음이랄까? 사랑이랄까? 그 어떤 편안함과 애틋함 그리고 행복을 느끼기에 충분했다. 맞아. 우리에게는 서로의 든든함이 있었어.

우리는 다 졸아버린 부대찌개의 냄비에 자꾸만 육수를 부어 가며 소주를 마셨다.

국물 맛에 반해서…

흰머리 희끗희끗 돋아나는 남편이 안쓰러워…

눈가에 잔주름 지는 아내가 애틋해서….

소주를 마셨다.

그렇게…

소주를 마셨다.

ps. 이 글을 쓰고 있는 지금은 새벽 세시를 향해 가고 있다. 아까 먹은 술은 다 깨고… 또 다시 출출하다.

하지만, 내일 아침 또 일찍 출근해야지.

동녀가 부시시~ 일어나 화장실엘 다녀오더니 한마디한다.

"이제 그런 거 그만해. 나 같으면 그런 거 안 쓰고 그냥 술 먹겠다. 매달 그거 무슨 고생이야. 나 잘게. 음…."

"참깨가 어찌 호박의 뜻을 알리오" ^^;;

술꾼 동파

소주 한잔에
인생을
담고

2007년 10월 4일 인쇄
2007년 10월 11일 발행

술꾼동파 지은이
김종호 펴낸이
지 샘 펴낸곳
133-832 서울 성동구 성수2가3동 279-39호
461-5858 전 화
461-4700 팩 스
제4-339호 등 록
ISBN 978-89-88462-91-1, 03810